*Rainer Höh*
**Mecklenburger Seengebiet**

Wohnmobil kompakt
Reisen

Rainer Höh

# MECKLENBURGER SEENGEBIET

TOUREN ▪ TIPS ▪ ADRESSEN

Motor buch Verlag

# IMPRESSUM

Text: Rainer Höh
Titelfoto: Rainer Höh
Einbandgestaltung: Nicole Lechner
Bilder: Rainer, Peter und Stefan Höh
Karten: Bernhard Spachmüller, Ingenieurbüro für Kartographie

Eine Haftung des Autors oder des Verlages und seiner Beauftragten für Personen-, Sach- und Vermögensschäden ist ausgeschlossen.

ISBN 3-613-01983-3



1. Auflage 1999



Innengestaltung: Klaus Necker
Reproduktion: digi bild reinhardt, 73037 Göppingen
Druck: Henkel, 70435 Stuttgart
Bindung: Nething, 73235 Weilheim/Teck
Printed in Germany

Übersicht 6

Einführung 8

Schweriner Land 10

*Zwischen Elbe, Landeshauptstadt und slawischem Tempelort*

Infoteil 28

Mecklenburger Schweiz 34

*Güstrow - Krakow - Teterow - Malchin - Ivenack*

Infoteil 50

Die »Großen Seen« 54

*Von der Müritz zum Plauer See und durch die Nossentiner/Schwinzer Heide*

Infoteil 70

Müritz Nationalpark + Neustrelitzer Kleinseen 76

*Durch den Müritz-Nationalpark zur Oberen Havel; um den Tollensesee nach Neubrandenburg; von Serrahn über Neustrelitz nach Mirow und Boek*

Infoteil 98

Rheinsberger Seen + Feldberg-Lychener Gewässer 104

*Schwarz - Zechlinerhütte - Rheinsberg - Flecken Zechlin - Fürstenberg - Himmelpfort - Lychen - Feldberg*

Infoteil 128

Templiner Seen + Schorfheide 134

*Boitzenberg - Templin - Schorfheide - Werbellinsee - Odertal*

Infoteil 148

Anhang 152

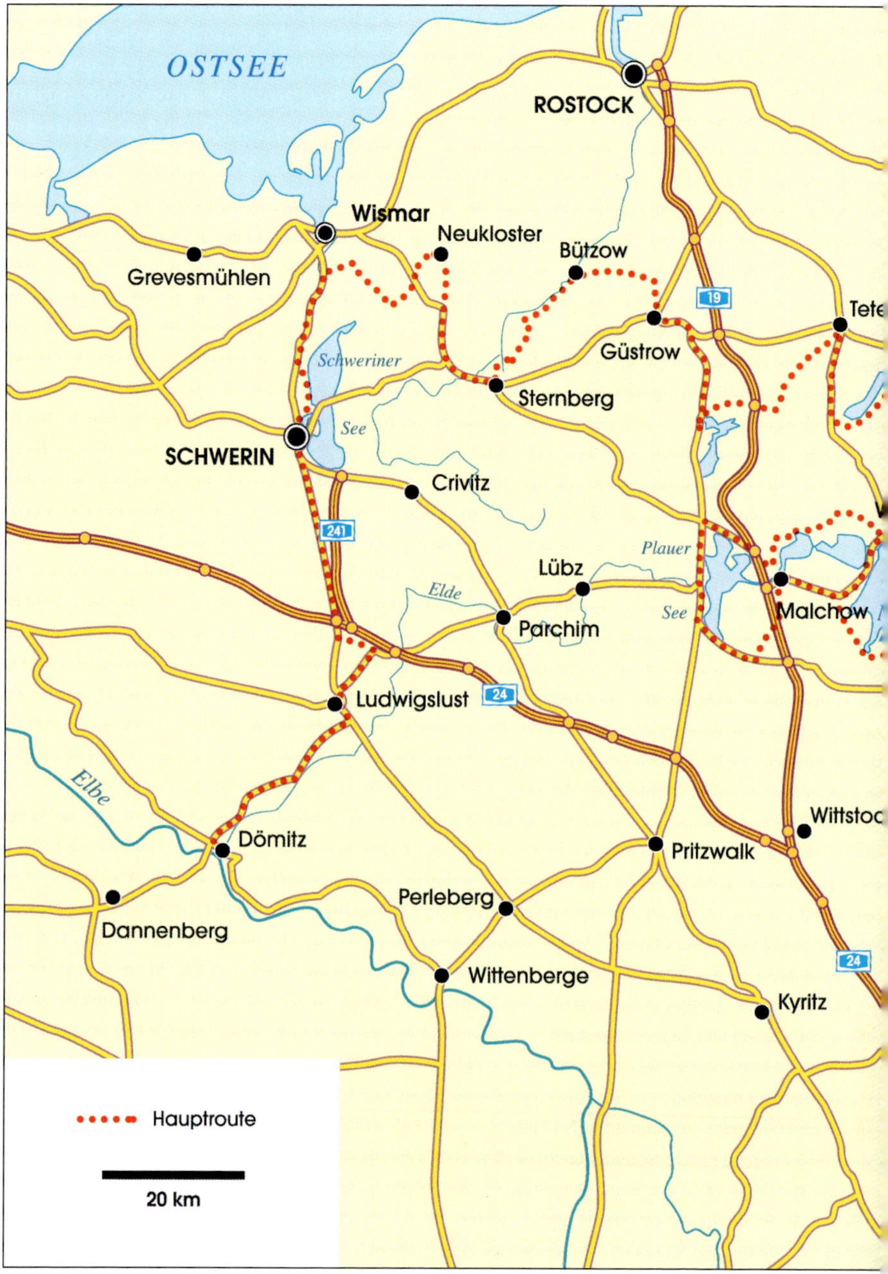
OSTSEE
ROSTOCK
Wismar
Neukloster
Bützow
Grevesmühlen
Güstrow
Tete
Schweriner See
Sternberg
SCHWERIN
Crivitz
241
19
Plauer See
Lübz
Elde
Parchim
Malchow
24
Ludwigslust
Elbe
Dömitz
Wittstoc
Pritzwalk
Perleberg
Dannenberg
Wittenberge
Kyritz
Hauptroute
20 km

OSTSEE
Grimmen
Greifswald
Wolgast
Demmin
Peene
Anklam
Stettiner Haff
alchin
Ivenack
Altentreptow
Reuterstadt
Stavenhagen
Ucker
Neubrandenburg
Strasburg
Pasewalk
SZCZECIN
Neustrelitz
Feldberg
Prenzlau
Mirow
Fürstenberg
Templin
Schwedt
11
Rheinsberg
Angermünde
Oder
Gransee
POLEN
Neuruppin
Eberswalde
Oranienburg
Bad
Freienwalde
10
BERLIN
Bernau

# Land der Seen, Wälder und Alleen

Mit nur etwa 2 Millionen Einwohnern ist Mecklenburg das bevölkerungsärmste und naturreichste Bundesland Deutschlands. Das »Junkersland« ist bis heute fest in Bauernhand. Industrieanlagen und Großstädte fehlen. Dafür gibt es hier Natur pur. Malerische Alleen verwandeln die Straßen in schattig grüne Tunnel. In beschaulichen Backsteindörfern mit krummen Pflastergassen scharren die Hühner auf dem Hof wie zur Großmutters Zeiten. Sattgelbe Rapsflächen, Meere von Kornblumen in wogenden Getreidefeldern und leuchtende Blumenwiesen überziehen das sanfte Hügelland. Das Seengebiet ist eine wahrhaft »blühende Landschaft» im wahrsten Sinne des Wortes – aber nur im wörtlichen Sinne, denn wirtschaftlich ist Mecklenburg das Schlußlicht der Republik und touristisch liegt es im Schatten des Urlaubermagneten Ostseeküste. Gerade das macht die Seenplatte zum idealen Reiseziel für Naturfreunde und Urlauber, die Ruhe und Entspannung suchen.

Ursprüngliche Naturlandschaften erwarten den Besucher überall im weitläufigen Seengebiet, das sich zwischen Berlin und der Ostseeküste von Schwerin bis fast zur polnischen Grenze erstreckt und sich nicht auf Mecklenburg begrenzt, sondern weit nach Brandenburg hinein reicht. Neben den eigentlichen mecklenburger Großseen zwischen Müritz und Plauer See umfaßt es vielfältige Kleinseengebiete wie die Schweriner und die Rheinsberger Seen, die Feldberg-Lychener Seenlandschaft, die Strelitzer Kleinseen und die Templiner Seen. Rund 10.000 blaue Wasserflächen, verbunden durch ein verzweigtes Netz von Bächen und alten Kanälen, machen die eizeitliche Moränenlandschaft zu einem einzigartigen Paradies für Wasserwanderer. Wochenlang kann man in diesem Labyrinth unterwegs sein und dabei doch nur einen Teil der vielfältigen Landschaften und Biotope kennenlernen.

Fischadler, Seeadler und Schreiadler sind hier noch heimisch, Reiher und Kraniche, zahlreiche Weißstörche und sogar der seltene Schwarzstorch. Der Biber erobert seine alten Reviere zurück, und an mancher Straße wundert man sich über Verkehrsschilder mit der Aufschrift »Vorsicht Fischotterwechsel!«. Ausgedehnte Kiefernwälder, sumpfiges Bruchland, urige Moore, trockene Strauchheide und die lichtdurchfluteten Hallen alter Buchenbestände säumen die Ufer. Und für das kulturelle Kontrastprogramm sorgen die verstreut in das Grün der Landschaft eingebetteten Dörfer und Städtchen mit schmucken Backsteinkaten, märchenhaften Schlössern, stolzen Stadttoren, alten Klöstern und ungewöhnlichen Museen.

Gerade für Reisemobilisten ist das Seengebiet ein wahres Paradies. Auf den manchmal engen Alleen muß man seine Fahrzeugmaße im Gefühl haben, hie und da muß man eine rauhe Pflasterstrecke verkraften und vor den kleinen Sandsträßchen sollte man sich mit größeren Mobilen hüten – aber dafür reist man durch ein Naturidyll, das europaweit seinesgleichen sucht, und kann nicht nur herrlich verborgene Winkel entdecken, sondern auch zahlreiche traumhaft gelegene Camping-, Park- und Picknickplätze inmitten ursprünglicher Natur, sandige Badeufer an klaren Seen und ein fast endloses Netz von Wanderwegen. Wer sich die Räder hinten drauf packt und ein Boot aufs Dach, der kann auch die entlegensten Winkel dieser amphibischen Landschaft erkunden. Und wer beides nicht hat, der findet unterwegs zahlreiche Möglichkeiten, diese und andere Sportgeräte zu mieten. Gerade für Kurzreisen und den Familienurlaub ist das Seengebiet ein ideales Reiseziel!

Und last not least ist es eine ausgesprochen Wohnmobil-freundliche Region. Die leidigen Verbotstafeln und 2-m-Schranken, die Reisemobilisten in vielen Teilen der alten Bundesländer das Leben sauer machen, haben wir auf all unseren Reisen durch das Seengebiet nie gesehen, und »Übernacht-Parkverbot« scheint hier ein häßliches Fremdwort zu sein.

Zudem gibt es eine reiche Auswahl an Campingplätzen, meist in traumhafter Lage am Ufer klarer Seen, die so naturnah angelegt sind, daß sie dem Freistehen schon recht nahe kommen. Selbstverständlich sollte es sein, daß man diese Gastfreundschaft und Freizügigkeit durch entsprechend rücksichtsvolles und verantwortungsbewußtes Verhalten honoriert. Die für Deutschland einzigartigen Naturparadiese sind gegen Störungen empfindlich. Sie können nur erhalten werden, wenn jeder bei sich selbst anfängt.

Wer die Freiheit mißbraucht, Müll oder gar den Inhalt seiner WC-Kassette in der Natur zurückläßt und die Badeufer der Einheimischen in wilde Dauer-Campingplätze verwandelt, der muß sich nicht wundern, wenn er ein Jahr später vor Verbotstafeln und Schranken steht.

Aida
Lübzer Pils

# SCHWERINER LAND

## Zwischen Elbe, Landeshauptstadt und slawischem Tempelort

*Über die neue Elbebrücke ins Paradies der Seen, Wälder und Alleen. Schloß »Lulu« mit Pappmaché-Dekoration. Von Wasser umgebene Landeshauptstadt mit Märchenschloß. Im Geburtsort Mecklenburgs und zu Besuch in der Slawenzeit.*

## Rückblick: Urwüchsige Wildnis mit blauen Booten und Roter Armee

Gleich nach dem Mauerfall damals hatten wir das Mecklenburger Seengebiet zum ersten Mal bereist – und uns sofort in dieses Wald- und Wasserparadies verliebt. Recht abenteuerlich ist es seinerzeit hergegangen: Auf unbeschilderten Sandpisten wie in der Sahara sind wir damals mit unserem Reisemobil durch Wälder und Heide geirrt und unversehens mitten auf einem russischen Truppenübungsplatz gelandet. Mit dem Kanu sind wir tagelang über Seerosenteiche und durch dschungelhafte Kanäle gepaddelt, haben an stillen Ufern und auf traumhaften Inseln gezeltet und uns wie in der kanadischen Wildnis gefühlt – bis im Dickicht plötzlich gigantische T-43 Panzer dröhnten und sich vor uns mitten im Bach ein mongolisch wirkender Rotarmist aufbaute.

So war das damals: auf den Seen tummelten sich blaue Boote und in den Büschen die Rote Armee. Viel hat sich auch in den folgenden Jahren nicht geändert. Die Rote Armee ist verschwunden und die blauen Boote haben Zuwachs durch eine Schar bunter Kunststoffkanus aus dem Westen erhalten. Die Wildnis aus Wasser, Wald und Heideland aber ist geblieben wie sie war: urwüchsig und elementar. Dschungeldickicht neben wüstenartigen Sandflächen, weite Moorgebiete und endlose Wälder. Eine ursprüngliche Natur wie man sie am Amazonas suchen würde oder in der Sahara – aber nie und nimmer im übervölkerten Industriestaat Deutschland!

Jetzt steuern wir wieder Kurs Seenplatte – und sind gespannt, was uns diesmal erwartet. Auf dem Dach haben wir zwei jener »bunten Boote« festgezurrt: zwei leichte und leuchtend rote Canadier, um dort wo selbst die Sandpisten enden, die Seenlandschaft vom Wasser aus zu erkunden. Kopilot ist diesmal mein Sohn Stefan, zehn Jahre, genannt Stef, der sich eifrig im Kartenlesen übt. Und wir sitzen diesmal nicht in einem »Selbstausgebauten«, sondern in einem nagelneuen Hymer Star-Line, den Stef spontan und liebevoll als »unser Hymmerchen« tituliert. Dabei ist das »Hymmerchen« ein stolzes Schiff von über sieben Meter Länge und gut viereinhalb Tonnen Gesamtgewicht. Ein bißchen graust es mir ja schon vor den engen Alleen, dem Rüttelpflaster und den weichen Sandwegen – aber wer weiß, vielleicht sieht inzwischen alles schon ganz anders aus.

## »Lulu«: Das Prunkschloß in der ›griesen Gegend‹

Bei Dömitz erreichen wir über die neue Elbbrücke das Schweriner Land. »Wer in Mecklenburg das Wort ›Dömitz‹ hört,« soll Fritz Reuter einst gesagt haben, »dem wird zumute, als sei von der Krätze die Rede«. Na ja, der war hier auch ein Jahr lang in der zum Gefängnis umfunktionierten Festung eingekerkert – hat dabei aber so viele Freiheiten genossen, daß er sich sogar in das reizen-

*In den Straßen von Dömitz scheint die Zeit stillzustehen*

de Töchterchen des Kommandanten verlieben konnte! Uns jedenfalls zeigt sich die einstige Grenzfeste zwischen deutschen Landen und dem slawischen Ostelbien von ihrer malerischen Seite und – und als idealer Ausgangspunkt für Wanderungen durch den Naturpark Elbetal mit seinen 2 km langen Binnendünen bei Klein Schmölen.

Auf einer der zahllosen Alleen Mecklenburgs – eine schöner als die andere! – geht es weiter nach Norden durch die »Griese Gegend«, die aber im frischen Frühlingsgrün und dem milden Licht der Abendsonne alles andere als »gries« (= grau) wirkt. Nur gelegentlich entgegenkommende Lastwagen schmälern etwas die Freude an den prachtvollen alten Bäumen mit ihren weit überhängenden Ästen dicht am Rand der schmalen Straße. »Alles okay! Die Boote sind noch da,« beruhigt Stef mit Blick zur großen Dachluke.

Mitten in dieser unfruchtbaren Sandebene lag einst das unbedeutende Dorf Klenow. Dann kam 1756 Herzog Friedrich II., der genau hier sein »mecklenburgisches Versailles« errichtet haben wollte. Kein Grund zur Freude für die Dorfbewohner, denn um Platz für die riesige Anlage und den 120 Hektar großen Park zu schaffen, wurde das arme Klenow komplett abgerissen. Doch mit dem gigantomanischen Schloß Ludwigslust – heute liebevoll zu »Lulu« verkürzt – hat sich der Herzog denn doch

*Blick vom weitläufigen Park auf Schloß Ludwigslust*

*In der Schloßkirche von Ludwigslust*

übernommen. Als der Rohbau stand, waren die Kassen leer – die üppige Innendekoration konnte nur noch in Pappmaché ausgeführt und goldfarben angepinselt werden. Nach einem Kaffee auf der Schloßterrasse mit Blick auf den Park wird es Zeit, einen Platz für die Nacht zu finden. Im letzten Abendlicht schnurren wir die schnurgerade B106 nach Norden – und finden das gesuchte Plätzchen fast im Zentrum der Landeshauptstadt und doch mitten im Grünen und nahe dem See.

Zunächst aber machen wir noch einen kurzen Abstecher nach Neustadt-Glewe, das nur wenig abseits der direkten Route liegt und mit der Alten Burg und dem Neuen Schloß zwei Bauwerke besitzt, die man nicht verpassen sollte. Beide Attraktionen verdankt die Stadt den Schweriner Grafen. Die malerisch auf einem künstlichen Hügel am Eldeufer errichtete Alte Burg geht bis auf das 13. Jh. zurück und ist mit ihren Zinnenmauern und Bergfried eine der am besten erhaltenen mittelalterlichen Burganlagen Mecklenburgs. Das 1619 im holländischen Renaissancestil begonnene und 1717 im Barock vollendete Neue Schloß wurde ebenfalls am Ufer der Elde errichtet – allerdings versäumte man es, darunter zunächst einen Hügel aufzuschütten. So begann es allmählich im sumpfigen Grund zu versinken und schien unrettbar verloren. Eine technische Meisterleistung hat es – im wahrsten Wortsinn – vor dem Untergang bewahrt, und heute ist der zu den UNESCO Weltkulturdenkmälern gehörende Prachtbau meisterhaft restauriert und erstrahlt als feines Hotel wieder in aristokratischem Glanz.

## Von der seengesäumten Landeshauptstadt zur Wiege Mecklenburgs

Schwerin ist eine Hauptstadt, wie sie zu Mecklenburg nicht besser passen könnte: umrahmt von einem ausgedehnten Seengebiet, das bis ins historische Zentrum hinein reicht, und von dem aus man über ein Netz von Kanälen, Wasserläufen und weiteren Seen nordwärts bis zur Ostsee und ostwärts bis nach Polen paddeln könnte. Fast ein Drittel der Stadtfläche ist Wasser und 500 Hektar sind von Wald und Parkanlagen bedeckt. Und auf einer Insel liegt denn auch Schwerins pittoreskes Märchenschloß, das sich mit seinen zahlreichen Türmen im stillen Wasser spiegelt und heute Sitz der Landesregierung ist. In Blickweite unseres Übernachtungsplatzes glitzert es frisch renoviert und farbenfroh über das stille Wasser des Burgsees.

»Schöner kann man auch im teuersten Grandhotel nicht residieren,« sagen wir uns, als wir nach einem Spaziergang im Schloßpark in der Abenddämmerung vor unserem mobilen Zuhause sitzen und uns deftiges Landbrot mit Räucheraal schmecken lassen, während der Park vom Gesang der Vögel hallt und die Frösche auf den nahen Seen ihr Konzert anstimmen.

Einen herrlich sonnigen, aber viel zu kurzen Frühsommertag lang spazieren wir durch die schmucke Landeshauptstadt und laufen uns die Beine krumm – so viel gibt es hier zu sehen. Auf dem Schloßvorplatz wird gerade eine große Bühne für eine Aufführung der Oper Aida aufgestellt. Scheinwerfer, Lautsprecher, Hebebühnen und ein Gewirr von Kabeln liegen durcheinander. Dahinter führt eine monumentale Freitreppe hinauf zum spätklassizistischen Staatlichen

*Das vieltürmige Märchenschloß von Schwerin im Abendlicht*

Museum. Es birgt eine bedeutende Sammlung niederländischer und flämischer Meister des 17. Jahrhunderts, die ich allerdings meinem braven Kopiloten nicht antun möchte. Für ihn ist die Anlegestelle der Weißen Flotte interessanter, an der vorbei wir zum Landestechnischen Museum spazieren, das in der schloßartigen Vierflügelanlage des Marstalls auf einer Halbinsel im See untergebracht ist und auch für den Junior manch Interessantes zu bieten hat.

Obwohl er für Kirchen und »andere alte Gemäuer« erwiesenermaßen nichts übrig hat, kann ich ihm den Dom nicht ersparen. Gottergeben trottet er hinterher, ist dann aber offenbar doch beeindruckt von der grandiosen Raumwirkung des mächtigen Kircheninneren. Strahlend weiß erhebt sich das lichtdurchflutete, schlanke und hundert Meter lange Hauptschiff – ohne Zierrat und Schnörkel. Sein einziges Schmuckelement sind feine Linien in unterschiedlichen Farben, die auf dem weißen Grund der Pfeiler in die Höhe streben und das Gewölbe plastisch hervorheben. Sie unterstreichen den leichten und filigranen Stil der hohen Halle und betonen die aufstrebende Wirkung des imposanten Baus. Fraglos ist der Dom der kulturhistorische Höhepunkt der Landeshauptstadt und einer der bedeutendsten gotischen Sakralbauten Norddeutschlands überhaupt. Den Grundstein hat 1171 Heinrich der Löwe persönlich am höchsten Punkt der Altstadt gelegt. Von dieser ursprünglichen Kirche ist allerdings nur noch die Paradiespforte im Unterbau des Turms erhalten. Das heutige Gotteshaus wurde 1280 begonnen, und der über 117 m hohe Turm wurde erst um 1890 angefügt.

Zum Ausgleich für Stef unternehmen wir mit der Weißen Flotte eine Rundfahrt auf dem Schweriner See zur idyllisch bewaldeten Insel Kaninchenwerder, von der man einen herrlichen Blick über den See hinweg auf Schwerin genießt. Eine kleine Ausstellung informiert über die Flora und Fauna der Insel, zu der sogar Seeadler gehören – Seeadler in der Landeshauptstadt!

Am Südufer des Sees, an der Mueßer Bucht, interessiert uns das Mecklenburgische Volkskundemuseum, ein Freilichtmuseum, das dem Besucher das mecklenburgische Dofleben vergangener Jahrhunderte vor Augen führt und auch Stefan Spaß macht. In einer Backstube, einer Schmiede und anderen historischen Werkstätten wird uns mit Originalgeräten demonstriert, wie die Menschen damals gearbeitet haben. Ein Bauerngarten, ein Kunstkaten und ein Museum für Binnenfischerei ergänzen die interessante Anlage – und ein nettes Café, in dem wir uns bei einem kühlen Bier und einer Riesenportion Eis von unserem ausgedehnten Bummel durch Schwerin erholen.

Unter einem strahlenden Morgenhimmel geht es anderntags weiter nach Norden, auf kleinen Sträßchen am Ufer des Schweriner Sees entlang bis fast zur Ostseeküste. In Dorf Mecklenburg ist ein Stop angesagt. Wie der Name schon andeutet ist dieses Dörfchen die Wiege Mecklenburgs. Hier stand einst die mächtige »Michelenburg«, Stammsitz

## Der Seeadler

*Der Seeadler ist mit einer Spannweite von bis zu 2 1/2 m der gewaltigste Greifvogel und einer der größten Vögel Europas überhaupt. Zu erkennen ist er – außer an seiner Größe – an den breiten, brettartigen Schwingen, seinem kräftigen gelben Schnabel, den nur zur Hälfte befiederten Läufen und dem kurzen, keilförmigen Stoß, der bei ausgewachsenen Seeadlern weiß gefärbt ist. Das übrige Federkleid ist bis auf den helleren Kopf und Hals fast einfarbig dunkelbraun.*

*Männchen und Weibchen sind gleich gefärbt, unterscheiden sich jedoch deutlich in der Größe. Während die Männchen »nur« eine Spannweite von 2,10 bis 2,30 m und ein Gewicht von 3 bis 3,5 kg haben, erreichen die Weibchen eine Spannweite von bis zu 2,50 m und ein Gewicht von 4,5 bis 6,5 kg.*

*Hauptlebensraum der Seeadler sind fisch- und wasservogelreiche Seen und Flüsse sowie Küstengewässer. Als Brutvogel ist der Seeadler an Waldungen mit hohen Einzelbäumen in der Nähe geeigneter Jagdgewässer gebunden. Auf alten Bäumen mit freier Anflugmöglichkeit errichtet er in etwa 20 m Höhe seinen riesigen Horst. Da geeignete Bäume in seinen mecklenburger Revieren heute knapp sind, sieht man Adlerhorste jetzt öfters auf den hohen Gittermasten von Stromleitungen. Das Gelege aus meist zwei Eiern wird etwa Anfang März gelegt und 35–40 Tage lang bebrütet. Die Jungvögel sind mit etwa 90 Tagen flügge und werden erst mit 5–6 Jahren geschlechtsreif. Als Paare sind die Seeadler sehr standorttreu und bleiben gewöhnlich ein ganzes Leben zusammen. In Gefangenschaft haben sie ein Alter von 42 Jahren erreicht.*

*Im Gegensatz zum Fischadler ernährt sich der Seeadler nicht ausschließlich von Fischen, sondern in erster Linie von Wasservögeln bis zur Größe von Gänsen, Schwänen und Reihern sowie gelegentlich von Säugetieren bis zur Größe von Hasen. Meist schlägt er seine Beute auf dem Boden oder auf dem Wasser, seltener in der Luft.*

*Anfang des 20. Jahrhunderts wurde der Seeadler in Deutschland nahezu ausgerottet. Seit den zwanziger Jahren hat sich sein Bestand allmählich erholt. Sein Hauptverbreitungsgebiet ist die Ostseeküste Mecklenburgs sowie die Seenplatte. Insgesamt leben hier noch etwa 80–100 Brutpaare, während in den Altbundesländern (Oberholstein) nur etwa 5 Paare leben. Bedroht ist der Seeadler – außer durch Pestizide und Forstmaßnahmen – hauptsächlich wegen Störungen durch Besucher und Fotografen, besonders während der Brutzeit. Die Horstschutzzonen mit einem Radius von 100 m ganzjährig und 300 m während der Brutzeit von Februar bis Juli sollten daher streng eingehalten werden.*

der slawischen Fürsten vom Stamm der Obotriten – und diese Burg hat dem Land seinen heutigen Namen gegeben. Hier unterzeichnete der Sachsenkönig Otto III. Anno 995 jene Urkunde, in der dieser Name erstmals genannt wird. Reste der 12 m hohen und ein 150 x 200 m großes Geviert um-

*Die malerische Windmühle von Dorf Mecklenburg birgt heute ein Restaurant*

P

*Landwirtschaftliches Flugzeug im Agrarhistorischen Museum von Dorf Mecklenburg*

schließenden Wallanlagen sind 500 m südlich der Kirche noch deutlich zu sehen – frieden aber heute keine Burg mehr ein, sondern den Dorffriedhof.

Interessanter ist das Agrarmuseum am Rambower Weg mit landwirtschaftlichen Maschinen vom Lanz-Bulldog bis zum Agrarflugzeug, Ausstellungen zum ländlichen Leben, vielfältigen museumspädagogischen Angeboten und – natürlich – Informationen zur Michelenburg samt einem Modell der mächtigen Anlage. Am anderen Ortsende erhebt sich vor dem blauen Himmel die malerische Holländer-Windmühle von 1880 mit Restaurant und Hotel, die einzige noch ganz mit Reet gedeckte Windmühle Mecklenburgs. An ihr vorüber verlassen wir das Dorf und kreuzen über kleine Bauernsträßchen in Richtung Osten. Hier auf dem »flachen Land« wird die Orientierung ohne GPS bereits zur Glückssache – mit gelegentlichen Aha-Erlebnissen, wenn man feststellt, wo man nun wieder herausgekommen ist. In einer idyllischen Landschaft mit kleinen Seen, blühenden Wiesen und wogenden Getreidefeldern entdecken wir kleine Schloßanlagen und verschlafene Dörfchen wie aus Urgroßmutters Zeiten, die wir auf keiner unserer Karten finden können.

Irgendwann stoßen wir dann doch auf das angesteuerte Neukloster und wissen wieder »wo's langgeht«. Vor mehr als einem dreiviertel Jahrtausend haben hier Benediktinerinnen das Kloster »Sonnenkamp« gegründet – mitten im »Land des Schreckens und der wüsten Einöde«, wie in der Stiftungsurkunde steht. Vom Kloster sind nur noch die Kirche und das Probsteigebäude erhalten – und die »wüste Einöde« hat sich in eine paradiesische Landschaft verwandelt, in der das Naturschutzgebiet um den Neuklostersee herrliche Möglichkeiten zum Wandern, Radeln und Paddeln bietet.

## Reise in die Vergangenheit und Mecklenburger Verfassung

Wie in allen ländlichen Gebieten Mecklenburgs scheinen hier am Neuklostersee die Uhren langsamer zu gehen, und immer wieder fühle ich mich an früheste Kinderzeiten erinnert, als noch von Pferden gezogene Holzwagen mit knarrenden Eisenreifen über die Pflasterwege rumpelten, als die Wiesen noch mit der Sense gemäht wurden und man abends noch Zeit hatte, vor dem Haus auf der Bank zu sitzen. »Wenn die Welt heute untergeht, so werde ich nach Mecklenburg ziehen,« soll Bismarck einst bemerkt haben, »denn dort geschieht alles erst hundert Jahre später.« In der »Mecklenborgschen Verfassung«, wie Fritz Reuter sie formuliert hat, steht das festgeschrieben. »Allens bliewt bi'n Ollen«, lautet Paragraph 1. »Ännert wart nicks«, fordert Paragraph 2, und in Paragraph 3 steht wie zu erwarten: »Ännert sick wat, tritt § 1 in Kraft!« Genau so erleben wir dieses Land – wie um hundert Jahre zurückversetzt und als wäre die ganze Naturzerstörung des 20. Jahrhunderts nie passiert.

Durch Warin, die mit 4.000 Einwohnern kleinste Stadt Mecklenburgs, kurven wir nach Süden. »Sandhasen« werden ihre Bewohner auch genannt, denn die Region ist Inbegriff der »Streusandbüchse« Mecklenburg. »Was hier rumliegt, waren einst die Berge Skandinaviens,« versuche ich meinem Kopiloten zu erklären. »Die Gletscher haben sie zu Sand zerrieben und hierher verfrachtet«. Doch den interessieren diese »skandinavischen Berge« nur, weil sein knatterndes RC-Car so schön drauf schleudert und eine so prachtvolle Staubfahne zieht.

Zu einem Bummel lockt Sternberg mit seinen schmucken Fachwerkhäusern, romantischen Gäßchen und engen Winkeln. Es liegt inmitten der höchst reiz-

*Schmuckes Fachwerkhaus mit dem charakteristischen »Sternberger Band«*

*Festungsturm im Freilichtmuseum Gross Raden*

vollen Sternberger Seenplatte, umgeben von wogenden Feldern und schattigen Wäldern, von sanften Moränenhügeln und fast 90 größeren und kleineren Seen. Eine abwechslungsreiche Landschaft, die bei Naturfreunden in weitem Umkreis als eines der schönsten Wandergebiete Mecklenburgs bekannt ist.

Die kleine Kreisstadt selbst schmiegt sich um einen Hügel, auf dessen Gipfel wie eine brütende Henne die massige rotbraun leuchtende Stadtkirche thront. Gleich neben der Kirche steht das Heimatmuseum, das über das blutige Ereignis der sogenannten »Hostienschändung« informiert und über die ersten mecklenburger Landtage, die hier einst am Ufer der Warnow unter freiem Himmel zusammentraten. Hier erfährt man auch, daß der Erfinder des Echolots, Alfred Behm, und der Erbauer des ersten eisernen Raddampfers, Albrecht Tischbein, Söhne der Stadt Sternberg waren. Im historischen Zentrum bewundern wir an malerischen Gaßen die prachvollen Fachwerkhäuser der Stadt mit dem berühmten »Sternberger Band«, einem reich und farbenfroh geschmückten Zierband zwischen Erdgeschoß und erstem Stock.

Eine kleine Straße führt von Sternberg nordostwärts nach Gross Raden. Ein Abstecher, der sich unbedingt lohnt, denn am Rande des unscheinbaren Dorfes liegt eine der herausragenden Sehenswürdigkeiten Westmecklenburgs: das Archäologische Freilichtmuseum, das den Besucher nicht nur um hundert Jahre zurückversetzt – so wie das übrige Mecklenburg –, sondern gleich um tausend Jahre! 1973 hat man dort auf einer Landzunge im Binnensee einen slawischen Kultort komplett mit Dorf, Tempel und Wallburg entdeckt, der seither originalgetreu rekonstruiert wurde. Im Museumsgebäude sind viele der 90.000 Fundstücke zu sehen, und die Freilichtanlage verschafft einzigartige Einblicke in das Leben der slawischen Stämme im 7.–12.Jh.

Unser »Hymmerchen« parken wir auf dem ruhigen Platz am Ortsrand und spazieren dann unter der sengenden Frühsommersonne rund einen Kilometer bis zum Eingang. Das Museumsgebäude selbst mit seinen »Tonscherben, rostigem Metall und alten Holzstückchen« kann ich dem Sohnemann nicht schmackhaft machen, aber die von Wassergräben und Palisaden geschützte Siedlung weckt seinen Abenteuergeist. Wir streifen durch das Dorf aus Blockhütten und Flechtwandhäusern zum großen Tempelbau, sehen Handwerkern zu, die am Nachbau eines slawischen Bootes arbeiten, und erklimmen den Holzturm der alten Wallburg, wo Stef sofort Pläne schmiedet, wie sich die Anlage am besten gegen Angreifer verteidigen ließe.

Während der Museumswoche am dritten Wochenende im Juli erwacht im Museumsdorf die Slawenzeit zu neuem Leben: dann wird getöpfert, gesponnen und gewoben, altslawisches Brot wird im Lehmofen gebacken und Fachleute demonstrieren die Kunst des Korbflechtens ebenso wie die des Bronzegießens und andere uralte Handwerke. Aber so

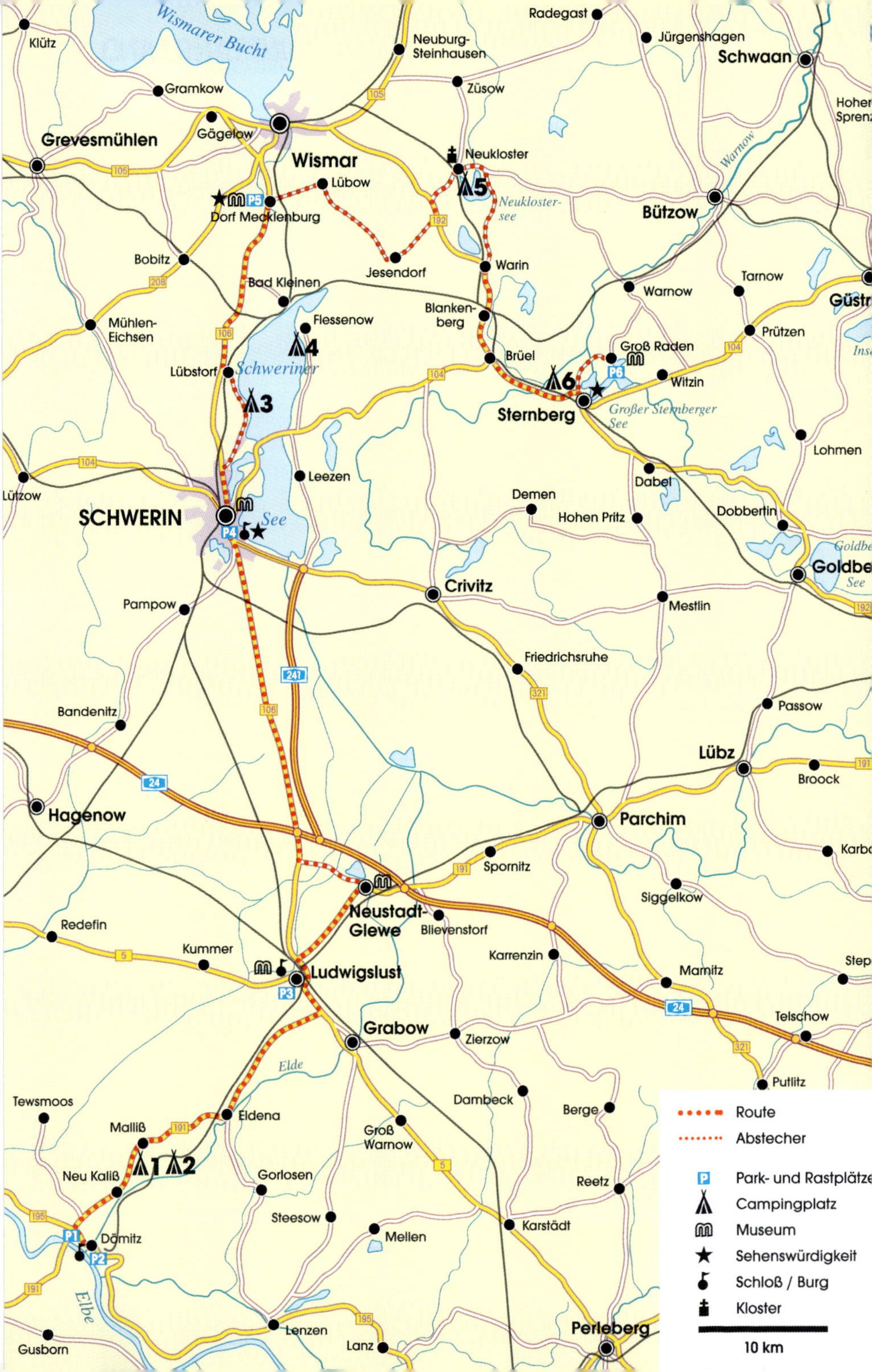

Wismarer Bucht
Klütz
Radegast
Jürgenshagen
Neuburg-
Steinhausen
Schwaan
Gramkow
Züsow
Grevesmühlen
Gägelow
Wismar
Neukloster
Warnow
Lübow
Dorf Mecklenburg
P5
5
Neuklostersee
Bützow
Bobitz
Jesendorf
Warin
Tarnow
Bad Kleinen
Warnow
Güstr
Mühlen-
Eichsen
Flessenow
4
Blankenberg
Prützen
Lübstorf
Schweriner
Brüel
Groß Raden
3
6
P6
Witzin
Sternberg
Großer Sternberger See
Lützow
Leezen
Lohmen
Dabel
SCHWERIN
See
P4
Demen
Hohen Pritz
Dobbertin
Goldbe
Crivitz
Mestlin
Pampow
Friedrichsruhe
Bandenitz
Passow
Lübz
Broock
Hagenow
Parchim
Karbo
Spornitz
Neustadt-
Glewe
Siggelkow
Blievenstorf
Redefin
Karrenzin
Kummer
Ludwigslust
P3
Marnitz
Step
Grabow
Zierzow
Telschow
Elde
Putlitz
Tewsmoos
Dambeck
Berge
Malliß
Eldena
Groß Warnow
1
2
Neu Kaliß
Gorlosen
Reetz
Steesow
Karstädt
P1
Dömitz
P2
Mellen
Elbe
Lenzen
Perleberg
Gusborn
Lanz
105
208
106
104
241
24
191
321
5
195
192
Route
Abstecher
Park- und Rastplätze
Campingplatz
Museum
Sehenswürdigkeit
Schloß / Burg
Kloster
10 km

## Strecke

Dömitz - Ludwigslust - Schwerin (58 km)
Schwerin - Dorf Mecklenburg - Neukloster - Warin - Sternberg - Gross Raden (ca. 75 km)

## Streckenlänge

Gesamtfahrstrecke ca. 140 km (je nach Varianten und Abstechern auch mehr)

## Straßenzustand

Die B191 Dömitz - Ludwigslust ist gut ausgebaut mit streckenweise eng stehenden Alleebäumen. Ludwigslust - Schwerin: breite und meist schnurgerade B106. Von Schwerin nach Dorf Mecklenburg kann man weiter der B106 folgen oder auf kleinen Sträßchen näher am Ufer des Schweriner Sees fahren. Von Dorf Mecklenburg über Neukloster nach Warin geht es über sehr schmale Bauernsträßchen mit erschwerter Orientierung durch eine reizvolle Landschaft. Man kann aber auch über die B106 weiter nach Wismar fahren und dann der B192 nach Warin und Sternberg folgen - mit Abstecher nach Neukloster.

## Information

**Fremdenverkehrsverband »Schweriner Land / Westmecklenburg«,**
Alexandrinenplatz 5–7, 19288 Ludwigslust,
Tel. (0387) 4571992, Fax 571990
**Ludwigslust-Information,**
Schloßfreiheit 8, 19288 Ludwigslust,
Tel./Fax (03874) 29076
**Schwerin-Information,**
Am Markt 10, 19055 Schwerin,
Tel. (0385) 5925212, Fax 562739
**Nationalparkamt »Naturpark Mecklenburgisches Elbetal«,**
Am Elbberg 20, 19258 Boizenburg,
Tel. (028847) 50335, Fax 50336
**Fremdenverkehrsverein »Wariner Naturpark«,**
Lange Str. 8, 19417 Warin,
Tel. (038482) 60431, Fax 60203

## Campingplätze

**1 Mallиß** *Camping Wiesengrund,*
Am Kanal 4, 19294 Malliß,
Tel. (038750) 21060
(sehr ruhiger Platz mit Ver- und Entsorgung direkt an der Elde-Müritz-Wasserstraße; mit Boots- und Fahrradverleih; ganzjährig geöffnet)
**2 Neu Göhren:** *Camping Neu Göhren,*
Tel./Fax (038755) 20309
(7 km südöstlich von Ludwigslust an der Müritz-Elde Wasserstraße; neu angelegter kleiner Platz mit Ver- und Entsorgung; ganzjährig geöffnet)

**3 Schwerin:** *Camping Seehof,*
19069 Seehof, Hundorfer Str.
Tel. (0385) 512540
(9 km nördl. von Schwerin, am Ufer des Schweriner Sees; moderner, ebener, baumbestandener Wiesenplatz mit Boots- und Fahrradverleih; ganzjährig)

**4 Flessenow:** *Seecamping,*
19067 Flessenow, Am Schweriner See 1 a,
Tel. (03866) 81491, Fax 82974
(schöner, direkt am See gelegener, ebener Wiesenplatz mit Biergarten, Spiel- und Sportgelände, Wasserrutsche, Fahrrad- und Bootsverleih, ganzjährig)

**5 Neukloster:** *Camping Ferienzentrum Neukloster,*
23990 Neukloster, Bützower Str. 27 a,
Tel. (038422) 20844, Fax 20461
(ebener Wiesenplatz direkt am See, Ver- und Entsorgung, Boots- und Fahrradverleih, Bungalows; geöffnet April–Okt.)

**6 Sternberg:** *Camping Luckower See,*
19406 Sternberg, Maikamp 11,
Tel. (03847) 2534, Fax 5376
(ruhiger, von Wald umgebener Platz direkt am See, moderne Sanitäranlagen, Bungalows, Fahrrad-, Angel- und Bootsverleih; ganzjährig)

**7 Kukuk bei Dabel:** *Camping Pferdehof Kukuk,*
19406 Kukuk, Seestr. 5, Tel. (038485) 20495
(schön zwischen Wald und See gelegener Platz mit Ver- und Entsorgung, Boots- und Fahrradverleih und Reitmöglichkeit; Hundeverbot; geöffnet 15.04.–15.10.)

## Park-, Rast- und Stellplätze

**1 Dömitz:** Kurz hinter der Abzweigung von der B191 rechts der Straße großer Parkplatz, teils gepflastert, teils unbefestigt; nicht besonders schön, aber ruhig – sofern auf dem nahen Sportplatz kein Fußballspiel stattfindet.

**2 Dömitz:** Parkplatz der Festung Dömitz mit 3 gebührenfreien Womo-Plätzen, gepflastert und eben; schön und ruhig nahe dem Elbdamm gelegen, auf dem man Spaziergänge und Radfahrten machen kann. Einen gebührenpflichtigen Reisemobil-Stellplatz (DM 1,50 pro Nacht und Meter Fahrzeuglänge) mit Stromanschluß, Ver- und Entsorgung gibt es beim Wasserwanderzentrum am Sportboothafen von Dömitz; der große, überwiegend ebene Platz ist Tag und Nacht zugänglich.

**3 Ludwigslust:** Riesiger, gepflasterter und ebener Parkplatz direkt vor dem Schloß am Park und bei den Wasserspielen.

**4 Schwerin:** Parkplatz Jägerweg; gebührenpflichtiger Teerplatz (1 Std. DM 1,50, zusätzl. Std DM 1.–, 9–24 Std. DM 9,50) in wunderschöner, ruhiger Lage am Park und doch nur einen kurzen Spaziergang vom Zentrum entfernt; Fußweg zum Schloß nur wenige Minuten.

**5 Dorf Mecklenburg:** Parkplatz des Kreisagrarmuseums, Rambower Weg, geteert, eben und in schöner, ruhiger Lage; Nachtparken nur auf Anfrage.

**6 Gross Raden:** Besucherparkplatz des Freilichtmuseums, gebührenpflichtig (DM 3 für 24 Std.), reizvolle und ruhige Lage am südlichen Ortsrand; wenig Schatten aber schöner Ausgangspunkt für Spaziergänge und Radtouren.

## Sehenswert

**Dömitz:** *Festung Dömitz* mit Museum, Ausstellung im Pulverkeller und Fritz-Reuter-Gedenkhalle in der Garnisonskapelle
**Ludwigslust:** Schloß Ludwigslust mit Park und Museum
**Schwerin:** Schloß, Dom, Park
**Dorf Mecklenburg:** Holländer-Windmühle, Agrarmuseum
**Neukloster:** Klosterkirche und -ruine
**Sternberg:** historischer Stadtkern

*Elch im Freilichtmuseum Gross Raden*

## Museen

**Ludwigslust:** *Schloßmuseum*
(Schloß Ludwigslust; April–Okt. Di–So 10–18 Uhr, sonst Di–So 10–17 Uhr; Tel./Fax (03874) 28114)
**Neustadt-Glewe:** *Burgmuseum*
(Alte Burg; So–Fr 10–15, Sa 13–15 Uhr)
**Schwerin:** *Schloßmuseum*,
Lennéstr. 1, Tel. 5252920
(15.04.–15.10. Di–So 10–18 Uhr, sonst bis 17 Uhr);
*Historisches Museum*, Großer Moor 38, Tel. 560971 (Di–So 10–18 Uhr);
*Technisches Museum*, Werderstr. 124 (im Marstall), Tel. 512925 (Mai–Sept. Di–So 10–17 Uhr, Okt.–Apr. Di–Fr 10–17, Sa/So 11–17 Uhr);
*Mecklenburgisches Volkskundemuseum/ Freilichtmuseum Schwerin-Mueß*,
Alte Crivitzer Landstr. 13, Tel. 213001 (Mai–Okt. Di–So 10–18 Uhr; im Winter nach Voranmeldung)
**Dorf Mecklenburg:** *Agrarmuseum*,
Rambower Weg, Tel. (03841) 790020 (Nov.–März Mo–Fr 10–16 Uhr, sonst tägl. 10–16 Uhr)
**Groß Raden:** *Archäologisches Freilichtmuseum*, Tel. (03847) 2252
(28.03.–02.11. tägl. 10–17.30 Uhr; sonst auf Anfrage; Führungen anmelden)

## Restaurant-Tips

**Schwerin:**, *»buscherie«*, Buschstr. 9, Tel. 560520 (kleines sehr einladendes Bistro im ersten Stock über einer Weinhandlung mit exzellenter Küche und erlesenen Weinen – und dennoch preiswert!)
*»Weinhaus Uhle«*, Schusterstr. 13, Tel. 562956 (traditionsreiches und sehr empfehlenswertes Restaurant in wunderschönen historischen Räumen mit gehobener mecklenburger Küche)
**Dorf Mecklenburg:** *»Mecklenburger Mühle«*, Tel. (03841) 790131
(gutes Restaurant im einzigartigen Ambiente der historischen Holländer-Wind-

*Hübsch wie fast alle Dorfkirchen Mecklenburgs: die Kirche von Kittersdorf*

mühle; am nördlichen Ortsende rechts)
**Möllin bei Gadebusch:** *Rauchhaus,* Dorfstr. 23, Tel. (03886) 711196 (Di–So 11–22 Uhr, Gruppen bitte anmelden; Beschreibung s.u. Abstecher)

## Abstecher

**Biosphärenreservat Schaalsee**
Westlich von Schwerin erstreckt sich das 162 km² große Biosphärenreservat Schaalsee im ehemaligen Sperrgebiet der Mauer zwischen Zarrentin und Groß Grönau. Er schließt direkt an den schleswig-holsteinischen Naturpark Lauenburgische Seen an. Kernstück ist der 72 m tiefe Schaalsee, um den sich elf weitere Rinnen- und Grundmoränenseen erstrecken sowie zahlreiche Moore, Sümpfe, Feuchtwiesen, Erlenbrüche, Schilfbuchten und kleine Fließgewässer. Sie schaffen ein hervorragendes Biotop für zahlreiche seltene Tier- und Pflanzenarten wie Seeadler, Eisvogel und Fischotter, Mooreidechse und Sumpfschildkröte, Wollgräser, Sonnentau und verschiedene

Orchideen. Erschlossen wird das Naturparadies durch stille Wanderwege und einen Naturlehrpfad am Boissower-Neunkirchner See, und zwei Beobachtungstürme bieten gute Gelegenheit zur Tierbeobachtung.

**Information:** *Biosphärenreservat Schaalsee*, Wittenburger Chaussee 13, 19246 Zarrentin, Tel. (038851) 50335, Fax 50336

**Camping:** Schaalsee-Camping, bei Zarrentin, Tel. (038851) 80707 (direkt am See gelegen, mit Ver-, Entsorgungseinrichtungen, Bootsverleih, April –Okt.)

**Denkmalhof Rauchhaus**

»Kiek in mien Fründ, dat soll din Schad nich sien», wirbt der Denkmalhof Rauchhaus im zu Gadebusch gehörenden Dorf Mölln. Der 1788 errichtete und bis 1981 bewohnte schornsteinlose Bauernhof ist heute ein sehr gastlicher Denkmalhof mit Restaurant. Wie in alter Zeit werden hier Wurst und Schinken geräuchert und im historischem Ambiente des hauseigenen Restaurants serviert. Gaumenfreuden wie »Möllner Zimt« oder selbstgebackener »Pottkauken« erwarten den Genießer ebenso wie »Rauchhaus-Schweinchen«, eine Art Mettwurst nach dem traditionellen Rezept des Hauses. Ein separates Backhaus, ein Bauerngarten und ein Weiher, an dem die Schafe grasen, verleihen der musealen Anlage ein lebendiges Flair. Also: »Kiek in mien Fründ.« Es lohnt sich!

# MECKLEN-BURGER SCHWEIZ

## Güstrow – Krakow – Teterow – Malchin – Ivenack

*Kreuz und quer durch ein Bergland aus Sand, das eine Klimakapriole geschaffen hat. Beschauliche Dörflein, alte Städte und Schlösser auf dem flachen Land. Von rätselhaften »Steintänzen« zur Barlachstadt. Der Geburtsort des mecklenburger Nationaldichters und ein Wald aus Eichen, die älter als Mecklenburg sind.*

## Wie eine Temperaturschwankung Berge baut

»Hey, Stef, heut geht's in die Mecklenburger Schweiz!«, verkünde ich beim Frühstück, als der Kaffee dampft. Skeptisch blickt er von seinem Butterbrot empor, das er eben mit Schokocreme bekleistert.

»Was?! Ich dachte, hier ist alles flach wie Flunder und lauter Sand?!«, entgegnet er. »Oder sind das auch wieder so zermahlene Berge?«.

»Ja und nein. Zu Sand zermahlen sind sie schon – aber trotzdem Berge. Entstanden durch eine Laune des Klimas,« doziere ich schon in aller Herrgottsfrühe. »Eigentlich hatte das Klima sich schon dazu entschlossen, die Eiszeit zu beenden. Die Gletscher schmolzen ab und zogen sich langsam nach Norden zurück, woher sie gekommen waren. Aber dann, eines Morgens, hat sich's der Wettergott doch noch mal anders überlegt und eine neue Kältewelle geschickt. Und da kamen die Gletscher erneut übers flachplanierte Land gekrochen und schoben wie gigantische Bulldozer ganze Geröllberge heran. Als sie dann endgültig abziehen mußten, ließen sie den ganzen Haufen hier mitten in der Ebene zurück. Bis zu 130 m hoch sind sie noch heute. Schneeberge darfst du also nicht erwarten – aber für Mecklenburg ist das geradezu schwindelerregend alpin.«

Auf kleinen und meist grauenvoll rumpeligen Sträßchen kurven wir durch das Warnowtal. Dafür sind die Landschaft und die eingestreuten Dörfchen um so reizvoller. Außer uns scheint hier kein Mensch unterwegs zu sein. Nur ein alter Bauer kommt uns auf seinem klapperigen Fahrrad entgegengewackelt, die Sense auf der Schulter und einen Packen Gras hinten drauf, der sich über Gepäckträger und Sattel türmt. Lauschige kleine Häuschen mit roten Ziegeldächern und bröckelndem Putz stehen mitten im Grün der Wiesen, als wären sie direkt aus dem Sandboden gewachsen wie ein Ring von Pilzen. Davor scharren die Hühner auf dem Mist und auf den Kirchturmspitzen klappern die Störche.

Schließlich führt uns das Warnowtal nach Bützow und auf eine bessere, dafür aber auch stärker befahrene Straße. Dem bescheiden-beschaulichen Provinzstädtchen würde man heute kaum zutrauen, daß es einst Bischofssitz und ab 1760 sogar für 30 Jahre Universitätsstadt war. An vornehmere Zeiten erinnert auch das stolze Rathaus, 1849 im Stil der Tudorgotik errichtet und jetzt frisch renoviert. Davor schnattern am Brunnen zur Skulptur erstarrt die legendären »Gänse von Bützow« aus dem in Raabes Novelle geschilderten »Gänsekrieg«.

## Boitin und Güstrow: Von Steintänzen zu Skulpuren

Von Tarnow machen wir einen kurzen Abstecher in Richtung Boitin, um uns die »Boitiner Steintänze« anzusehen: keine mecklenburger Folklore-Show, sondern frühgeschichtliche Bodendenkmäler.

## Der Storch

*Obwohl er im Volksglauben als »Kinderbringer« und Symbol der Fruchtbarkeit git, hat der Storch in Deutschland große Probleme mit der eigenen Vermehrung. Im Durchschnitt legt er bei uns nur noch zwei Eier pro Gelege, und ein Großteil der Jungstörche kommen durch Stromleitungen ums Leben. Der Bestand in Deutschland ist im 20. Jahrhundert um fast 90% zurückgegangen, und in vielen Gegenden ist Meister Adebar völlig verschwunden.*

*Ein ideales Revier finden die großen Schreitvögel noch im Gebiet der Mecklenburger und Nordbrandenburger Seen mit ihren zahlreichen Feuchtgebieten, Kleingewässern und naturbelassenen Landschaften. Zwei verschiedene Storcharten sind hier bis heute heimisch.*

*Der häufigere und weniger scheue* ***Weißstorch*** *baut sein Nest bevorzugt auf hohen Gebäuden, seltener auf Bäumen, und legt darin Ende April seine Eier ab, die von den Altvögeln wechselweise 30–35 Tage bebrütet werden. Während der Nist- und Paarungszeit ist das charakteristische Schnabelklappern Adebars zu vernehmen, das er mit weit zurückgelegtem Kopf erklingen läßt. Ansonsten ist Adebar allerdings stumm wie ein Fisch, denn eine Stimme hat er nicht - im Gegensatz zum Schwarzstorch, der über ein breites Lautrepertoire verfügt.*

*Der weit seltenere* ***Schwarzstorch*** *ist nur in unberührten Waldlandschaften zu Hause. Während beim Weißstorch nur die Flügelspitzen schwarz sind, hat er völlig schwarze Flügel und eine ebenso schwarze Brust- und Halspartie, die grünlich und lila irisieren kann. Und während der Weißstorch gerne auch auf Hausdächern und Kirchtürmen klappert, ist sein schwarzer Bruder ein ausgesprochen scheuer Kulturflüchter, der weite, menschenleere*

***Der Weißstorch klappert auf vielen Dächern im Seengebiet***

***Den seltenen und sehr scheuen Schwarzstorch bekommt man kaum zu Gesicht***

*Wälder braucht und daher in Mitteleuropa nahezu ausgestorben ist. Nur in den verborgensten Winkeln des Müritz Nationalparks und in einigen anderen Waldgebieten – wie z.B. bei Lychen – hat er ein letztes Refugium gefunden. Bedroht ist er dort vor allem durch vermeintliche »Vogelfreunde«, die in seine Brutgebiete vordringen und den gegen Störungen überaus empfindlichen Vogel dadurch endgültig vertreiben können. Rund 200 Hektar Jagdrevier braucht ein Storchenpaar, um seine Jungen großzuziehen.*
*Auf ihrer langen Reise bis nach Südafrika, die die Störche im August und September in großen Verbänden antreten, folgen »Ossis« und »Wessis« unterschiedlichen Routen: Während die westdeutschen Langbeine den Weg über Gibraltar nehmen, wählen ihre mecklenburger Kollegen zusammen mit den polnischen und baltischen Störchen die Ostroute über Kleinasien und das Rote Meer.*

*Dorfstraße bei Bützow – gepflastert wie viele Ortsdurchfahrten Mecklenburgs*

Die gibt es in Mecklenburg zwar überall zuhauf, aber die drei Steinkreise aus mannshohen Blöcken, die vor etwa 3000 Jahren im Tarnower Forst errichtet wurden, gelten als besonders bemerkenswert. Daß sie irgendwelchen Kultzwecken gedient haben, ist zu vermuten, aber ihre genaue Bedeutung blieb bis heute ein Rätsel. Der Sandweg bis zum Parkplatz ist beschildert; dann geht es zu Fuß durch einen prachtvollen Buchenwald. Stef mault über die »blöden Steine«, denen er beim besten Willen nichts abgewinnen kann, und will zurück zum »Hymmerchen«.

So geht es weiter nach Güstrow, das aus der Slawenburg »Guztrowe« (= Krähennest) hervorgegangen ist und 1555 zur Residenzstadt erhoben wurde. Nach den verschlafenen Dörfern und Provinzstädtchen ist das Verkehrsgetümmel zur Feierabendzeit ein Schock. Straßensperrungen, Umleitungen und Staus tun ein Übriges. Und schließlich geraten wir bei der Parkplatzsuche unversehens in enge Winkelgäßchen, die mit Sicherheit nie für einen 7-m-Liner gebaut worden sind. Als wir unser »Schiff« dann aber doch in eine Parklücke gezwängt haben, sind wir überrascht vom Charme der Altstadt. Die alte Stadtmauer sperrt Verkehrschaos und Hektik aus, und wir können genußvoll durch die ruhigen Pflastergassen bummeln. Wir besuchen den Dom mit seinen Kunstschätzen und das Schloß Güstrow, das einer der bedeutendsten Profanbauten Norddeutschlands ist und Elemente englischer, französischer und holländischer Schloßbaukunst harmonisch vereint. Trotz seiner gewaltigen Dimensionen wirkt es nicht wuchtig und kolossal, sondern überraschend leicht und verspielt.

Bei einer Kaffeepause am belebten und von schön restaurierten Gebäuden umgebenen Markt genießen wir die natürliche und unprätentiöse Atmosphäre des freundlichen Städtchens, von dem Ernst Barlach meinte, daß es sich »sehr wohl neben eine toskanische Stadt stellen könne«. Die ungemein ausdrucksstarken Werke dieses Bildhauers, der 1910 bis 1938 bei Güstrow gelebt und gearbeitet hat, sind in der Gertudenkapelle östlich der Altstadt und in seinem Atelier außerhalb der Stadt am Inselsee zu bewundern.

Nachdem wir uns durch den Irrgarten der Umleitungen und Staus wieder aus der Stadt hinausgearbeitet haben, machen wir auf einem Parkplatz gegenüber vom Natur- und Umweltpark Güstrow Station, der hübsch zwischen alten Bäumen direkt am Flüßchen Nebel liegt. Das Flüßchen ist das artenreichste und sauberste des Landes (was in Mecklenburg schon was heißen will!) und dort, wo es beim Weiler Serrahn den Krakower See verläßt, hat es in der Endmoränenlandschaft ein ungemein reizvolles Tal geschaffen. Der Natur- und Umweltpark von Güstrow zeigt die Tierwelt, die in dieser Landschaft einst heimisch war und zum großen Teil noch oder wieder heimisch ist, darunter das größte Wolfsrudel Mecklenburgs. Aber wie man hört, sind auch einzelne Wölfe schon wieder von Polen her in ihre alten Reviere zurückgekehrt – nur wird man die

## Ernst Barlach

*»Ich bin zufrieden, wenn ich schweigen darf, nur zu lauschen, nur zu sehen brauche«, schrieb Barlach in seinem »Güstrower Tagebuch«. Künstler, nichts als Künstler wollte er sein. Allein, es war ihm selten vergönnt. Plagte ihn in den Anfangsjahren die materielle Not, so geriet der von Natur aus gänzlich unpolitische Künstler später ins Visier der nationalsozialistischen Hetzpropaganda, die in seinen Werken »Bolschewistisches« zu erkennen glaubte.*

*Am 2. Januar 1870 in Wedel bei Hamburg geboren, besuchte er mit 23 Jahren die Dredener Kunstakademie, wo er heftig gegen die klassische Ausbildung opponierte. »Das Leben« will er erfassen, »dort wo es am vollsten, am leidenschaftlichsten quillt, nicht die klassische Herrlichkeit, die nichts mit mir zu tun hat«.*

*Als Gewerbeschüler in Hamburg hatte er zum ersten Mal Ton in die Hände bekommen. »Und ich ging los wie ein Gaul, der die Trompete hört«, schrieb er. Früh entdeckte er seine Vorliebe für die Plastik, »denn hier fällt alle Künstelei weg«. Zeitweise wohnte er in verschiedenen Metropolen wie Berlin, Florenz und Paris, doch das hektische Treiben der Städte irritierte ihn, und er kehrte immer wieder in seinen Heimatort zurück.*

*Plastik von Ernst Barlach*

*1906 unternahm er zusammen mit seinem Bruder eine Rußlandreise, die sein Leben und Werk für immer prägen sollte. Die Weite des Landes und die verheerende soziale Lage seiner Bewohner beeindruckten ihn und machten ihn zum Sprecher der Entrechteten. Die »Würde der elenden Kreatur« wird sein zentrales Thema. Und genau das bringt ihn in Konflikt mit den Nationalsozialisten, die kraftvolle Bauern und strahlende Helden sehen wollen. Die heftigsten Attacken richten sich gegen sein Magdeburger Ehrenmal. Selbst kirchliche Kreise scheuen sich nicht, Barlach Pazifismus vorzuwerfen. Barlach steht diesen Vorwürfen ebenso verständnislos wie wehrlos gegenüber. Er zieht sich in sein Atelier auf dem Heidberg bei*

*Güstrow zurück und lebt in ständiger Angst vor Hausdurchsuchungen, Berufsverbot und Verhaftung. Seine Werke werden aus Galerien und Museen entfernt, Ausstellungen seiner Arbeiten werden verboten, aber ein Berufsverbot wird nicht erteilt. Immerhin hat sogar Goebbels einen »Barlach« in seinem Haus stehen. Am 14.11.1938 erliegt Barlach in seinem Atelier auf dem Heidberg einem Herzschlag und wird in Ratzeburg neben seinem Vater beigesetzt. 1951 findet in der DDR die erste Barlach-Ausstellung statt, die große Aufmerksamkeit erregt. Richtig populär ist Barlach allerdings nie geworden, obwohl er als Expressionist unumstritten zu den Meistern der Klassischen Moderne zu rechnen ist.*

kaum so gut beobachten können wie ihre Artgenossen im Natur und Umweltpark.

## Teterow: slawische Burgwallinsel und berühmte Grasrennbahn

Schon wieder auf der Schlafplatzsuche steuern wir durch die beschauliche Landschaft entlang der Nebel südwärts zum kleinen Luftkurort Krakow am See. Er liegt reizvoll im Grenzbereich zwischen Mecklenburger Schweiz und der Seenplatte, so daß er von den Reizen beider Landschaften profitiert. Umgeben vom buchtenreichen Krakower See und einer Reihe kleinerer Seen, die ringsum aus den waldreichen Moränenhügeln blinken, verspricht er lauschige Parkmöglichkeiten. Leider ist unser Lieblingsplätzchen in Seenähe wegen Bauarbeiten abgeriegelt, und so beschließen wir, im milden Abendlicht noch weiter in Richtung Teterow zu tuckern – wieder mitten hinein in die bewegte »Berg«welt der Mecklenburger Schweiz. Durch stilles Bauernland mit steinzeitlichen Hügelgräbern und verstreuten Dörfchen mit leuchtend roten Backsteinkirchen zockeln wir im gemütlichen Tempo dahin. Milde Abendluft trägt den harzigen Geruch der Kiefernwälder durchs offene Fenster und den Duft der weiten Blumenwiesen. Rötlich schimmern die Föhrenstämme aus dem herben Grün der Wälder, und der hallende Abendgesang der Vögel übertönt das leise Schnurren des Motors.

Plötzlich warnt ein Verkehrsschild: niedrige Brücke voraus! Maximal 3,20 m! Unser Luxusliner allein mißt schon fast drei Meter. Und mit den Canadiern drauf kommen wir auf fast 3,50 m. Was tun?! Gemeinsam klettern wir aufs Dach, um nachzumessen, ob es nicht doch reichen könnte. Aber alles Messen hilft nichts: Wir sind zu hoch. Da kommt uns ein Lastwagen entgegen. Flach peilen wir über die Boote hinweg – und eindeutig: der ist noch eine ganze Ecke höher. Also probieren wir's! Im Schritttempo und mitten auf der Straße steu-

*Typisch Mecklenburg: auf kleinen Sträßchen zwischen Wald und Blumenwiesen*

ern wir auf die Eisenbahnbrücke zu – und passen ungestreift hindurch. »Die Boote sind noch da!«, tönt mein Kopilot, und wohlbehalten rollen wir nach Teterow hinein, dessen Kirchturm und Stadttore im letzten Licht der untergehenden Sonne erglühen. In herrlicher Parklandschaft direkt am Rande der Altstadt finden wir einen stillen Parkplatz. Aber das Seeufer lockt, und so verlassen wir das Städtchen in Richtung Norden, um uns am Teterower See einzuquartieren – leider nicht direkt am Wasser, da ein breiter Sumpf- und Schilfgürtel die Ufer säumt. Um so schöner ist der Abendspaziergang durch urigen Bruchwald und wogendes Röhricht, hinter dem still wie ein Spiegel der See aufblinkt.

Draußen auf der Burgwallinsel haben die Slawen einst ihre Festungsstadt errichtet und nach dem Auerhahn (slawisch »teter«) benannt. Die 750 m lange und ohne einen einzigen Nagel gefertigte Brücke zum Festland haben Archäologen 1953 gut konserviert im Sumpf gefunden. Heute lockt auf der Insel die malerische Gaststätte Wendenkrug inmitten der alten Wallburg mit hübschem Reetdach, Biergarten und frischem Fisch aus dem See.

Bekannt ist Teterow aber auch für die schönste und größte Grasrennbahn Europas. Seit 1930 trifft sich hier die inter-

*Blick auf Teterow vom Parkplatz im Stadtpark*

*Abend auf dem reizvollen Parkplatz am Teterower See*

*Schloß Schlitz liegt in einem weitläufigen Landschaftspark*

nationale Crosselite alljährlich zu den legendären Pfingstrennen auf dem »Bergring«. Über 100 m hoch steigen die von duftender Heide überzogenen Hügel der Mecklenburger Schweiz hier an – und das nur wegen einer launigen Klimakapriole am Ende der letzten Eiszeit!

Im weiten Bogen führt unsere Route am nächsten Morgen um den Malchiner See herum. Einen ersten Stop fordert die Burg Schlitz bei Karstorf. Gegenüber der Alten Schmiede mit Heimatmuseum führt eine schnurgerade Allee den Berg hinauf zu der klassizistischen Dreiflügelanlage, die gerade unter der Jägermeisterfahne (Fahne nur im wörtlichen Sinne!) renoviert wird. Auch wenn sie derzeit nicht besichtigt werden kann und nach Abschluß der Arbeit als Tagungshotel dienen soll, lohnt sich der Weg hinauf, denn rings um die Anlage erstreckt sich ein großartiger Landschaftspark. Auf seinen schattigen Pfaden ist Anno 1811 Erbprinz Georg von Mecklenburg-Strelitz gewandelt und war so angetan von den Ausblicken über Hügel, Wälder, Wiesen und Seen, daß er der Region ihren heutigen Namen verliehen hat: Mecklenburger Schweiz.

## Winziges Dorf mit Prunkschloß und steinzeitlichen Hünengräbern

Ein zweiter Abstecher führt uns nach Basedow, östlich des Malchiner Sees.

Schon bei unserem ersten Besuch der Region, gleich nach dem Mauerfall, hatten wir am Rande des winzigen Dorfs mit ungläubigem Staunen eine gewaltige Schloßanlage entdeckt, auf die jede Residenzstadt stolz sein könnte. Damals war der riesige Komplex altersgrau, ramponiert und in rund 20 Wohneinheiten aufgeteilt. Heute leuchtet er frisch renoviert und märchenhaft über den kleinen Teich des Parks, und auch das Dörfchen hat sich schmuck herausgeputzt. In einem ausgedehnten Wirtschaftsgebäude des einstigen Guts, direkt am hübschen Dorfplatz wurde, eine nette Gaststätte eingerichtet, die zugleich Handarbeiten und Produkte der Region verkauft. Auf ihrem Schornstein nisten die Störche, und zwischen den Baumwipfeln hindurch blickt man auf den Turm der reich geschmückten gotischen Kirche, die auf der UNESCO-Liste besonders schützenswerter Baudenkmäler steht.

»Wie um alles in der Welt sind solche Prunkbauten in dieses abgeschiedene Bauerndorf geraten?!«, haben wir schon bei unserem ersten Besuch gefragt – und erfahren, daß es nicht die Residenz eines Fürsten war, sondern der Wohnsitz des einstigen Gutsherren! Allerdings nicht irgendeines Gutsherren – wie die Prachtanlage mit zahllosen Türmchen, Zinnen und Erkern erkennen läßt – sondern der reichsten und mächtigsten Großgrundbesitzerfamilie ganz Mecklenburgs: des ritterschaftlichen Geschlechts der Herren von Hahn, die von 1337 bis 1945 über rund 13.000 Morgen Land herrschten, was etwa der doppelten Größe Liechtensteins entspricht. Ihre Ahnengalerie kann man in der Dorfkirche bewundern, und bei einem Spaziergang durch den großen, von Lenné gestalteten Park entdecken wir zwei besonders gut erhaltene steinzeitliche Hünengräber.

Bald darauf ist Malchin erreicht, das auf einer Landzunge zwischen Malchiner und Kummerower See liegt und einst eine der bedeutendsten Landstädte Mecklenburgs war. Sein mittelalterlicher Stadtkern wurde leider in den letzten Tagen des Zweiten Weltkriegs fast völlig zerstört und danach durch graue DDR-Architektur ersetzt. Erhalten blieben jedoch das Kalensche Tor und das wuch-

*Steinzeitliches Hünengrab im Schloßpark von Basedow*

tige Steintor, dessen breite Backsteinfront sich fotogen vom blauen Himmel abhebt, sowie die 1440 geweihte St. Johannis-Kirche mit sehenswerter Ausstattung auf dem weiten Geviert des Marktplatzes.

*Das prunkvolle Schloß Basedow erstrahlt in neuer Pracht*

## Vom Geburtsort des mecklenburger Nationaldichters zu uralten Eichen

Nur 10 km weiter östlich liegt Reuterstadt-Stavenhagen, Geburtsort des im ganzen Land verehrten mecklenburger Mundart- und Nationaldichters Fritz Reuter. Hier hat er 1810 als Sohn des Bürgermeisters die Welt erblickt. Während seines Jurastudiums in Jena schloß er sich 1832 der fortschrittlichen Burschenschaft Germania an. Auf der Rückreise haben ihn in Berlin dann prompt die Preußen verhaftet, die revolutionäre Demokraten verfolgten. Der zukünftige Nationaldichter wurde wegen »Teilnahme an hochverräterischen Verbindungen und Majestätsbeleidigung« zum Tode verurteilt. Friedrich Wilhelm III. »begnadigte« ihn zu 30 Jahren Festungshaft, aus der er 1840 vorzeitig entlassen wurde. Acht Jahre später zog er nach Stavenhagen zurück und beschloß, sich endgültig der Schreiberei zu widmen. An die Tür seines Arbeitszimmers hängte er ein Schild »Dr. Fritz Reuter, morgens nicht zu sprechen!« – und er schrieb wie er war: knorrig, langsam und bedächtig, tief in der heimischen Scholle verwurzelt und mit herbem, doch humorvollem Charme. Wie kein zweiter verstand er es, mit seinen Texten die Seele seiner Heimat und seiner Landsleute einzufangen. Seine Werke sollten »nicht wie vornehmer Leute Kinder mit kleinen Ohren und aristokratischen Händen« sein – nein, er wollte über und für die »kleinen Leute« schreiben. Er redete ihre Sprache und dachte, litt und lachte wie sie. Und so

*Fritz Reuter, der »Nationaldichter« Mecklenburgs*

halten »de Meckelnbörger« ihrem »Fritzing« seither die Treue – sie verehren ihn nicht nur, sondern lesen ihn auch. Überall in Stavenhagen stößt man auf seinen Namen, und in seinem Geburtshaus wurde das Fritz-Reuter-Literaturmuseum eingerichtet.

Doch genug der Kultur. Die Sonne strahlt vom blauen Himmel, und uns zieht es hinaus in den Wald – zu den berühmten Eichen von Ivenack. Gleich am Ortsausgang von Stavenhagen links und wenige Kilometer weiter noch einmal links bringt uns eine traumhafte Allee blühender Kastanienbäume ins hübsche Ivenack, an dessen jenseitigem Ortsende nahe dem See das alte Gutsschloß steht. Es sieht aus, als wäre dort die Zeit stehengeblieben und seit den Tagen des Barons von Maltzahn nicht das Geringste verändert worden. Ganz sicher jedenfalls nicht an der buckeligen Pflasterstraße hinaus zum Hudewald, in dem die Ivenacker Eichen stehen. Prachtvolle alte Kastanien säumen diesen Weg, aber neben den uralten Eichen sind sie nur junges Gemüse. Tausend Jahre und noch mehr haben diese Methusalems auf der Borke. Über 1200 Jahre zählt die älteste mit einem Stammumfang von stolzen elf Metern! Sie war schon ein stattlicher Baum, als der Eroberer Otto III. im Jahre 995 auf der Michelenburg jene Urkunde unterzeichnete, in der Mecklenburg seinen Namen erhielt. Und demnächst wird sie zu den wenigen Lebewesen unserer Erde gehören, für die ein Jahrtausendwechsel nichts Neues ist. Knorrig und zäh ragt sie zum Himmel – tief verwurzelt, beharrlich und unerschütterlich wie Mecklenburg und seine Menschen.

*Über tausend Jahre alte Eiche bei Ivenack*

Route
Abstecher
Park- und Rastplätze
Campingplatz
Museum
Sehenswürdigkeit
Schloß / Burg
Kloster
10 km
Tessin
Dummerstorf
Satow
Ziesendorf
Kavelstorf
Jürgenshagen
Schwaan
Hohen Sprenz
Laage
Gnoin
Grammendorf
Glewitz
Loitz
Peene
Demmin
Dargun
Jördenstorf
Matgendorf
Plaaz
Neukalen
Kummerower See
Warnow
Bützow
Neuklostersee
Warin
Blankenberg
Brüel
Tarnow
Güstrow
Prützen
Groß Raden
Witzin
Inselsee
Sternberg
Großer Sternberger See
Lalendorf
Teterow
Malchin
Remplin
Alten-hagen
Tützpatz
Ivenack
Malchiner See
Basedow
Karstorf
Langhagen
Dahmen
Gielow
Reuterstadt Stavenhagen
Reinberg
Lohmen
Krakow am See
Kuchelmiß
Krakower See
Vollrathsruhe
Moltzow
Faulenrost
Rosenow
Klittendorf
Dabel
Demen
Hohen Pritz
Dobbertin
Goldberger See
Goldberg
Crivitz
Mestlin
Alt Schönau
Drewitzer See
Friedrichsruhe
Karow
Alt Schwerin
Jabel
Damerow
Waren
Klein Plasten
Möllenhagen
Penzlin
Passow
Fleesensee
Kölpinsee
Malchow
Kargow
Alt Rehse
Groß Vielen
Ankershagen
Lübz
Plauer See
Klink
Federow
Klein Vielen
Hohenzieritz
Broock
Plau am See
Speck
Müritz
19
103
104
108
110
192
194
191
321
193

## Strecke

Gross Raden – Bützow – Güstrow – Krakow am See – Teterow – Karstorf – Malchin – Reuterstadt Stavenhagen – Ivenack

## Streckenlänge

Gesamtfahrstrecke ca. 150 km

## Straßenzustand

Zwischen Gross Raden und Bützow schmale, kurvige und streckenweise sehr holperige Sträßchen und grob gepflasterte Ortsdurchfahrten, aber idyllische Landschaft im Gebiet des Warnow-Tals. Landstraße von Bützow zur B104 in gutem Zustand. Die B104 selbst ist sehr gut ausgebaut; die Ortsdurchfahrt Güstrow zeitweise problematisch. Güstrow-Krakow entweder auf der gut ausgebauten B103 oder auf kleinen Bauernsträßchen westlich davon. Krakow-Teterow gute Landstraße mit niedriger Brücke (3,20 m kurz vor Teterow). Teterow-Karstorf-Malchin gut ausgebaut, die Abstecher (z.B. nach Basedow) sind recht holperig. Die Bundesstraße Malchin-Reuterstadt Stavenhagen ist sehr gut ausgebaut; die Landstraße bis Ivenack ist auch recht gut, nur das letzte Stück bis zum Eichenwald (sehr kleiner Parkplatz!) ist eine rauhe Schlaglochstrecke (am besten am Ortsausgang von Ivenack kurz nach dem Gutsschloß parken und die letzten Meter zu Fuß gehen).

## Information

**Tourismusverband »Mecklenburger Schweiz«,**
Am Bahnhof, Postfach 1123,
17131 Malchin,
Tel. (03994) 224755, Fax 224756

**Fremdenverkehrsverein Krakower Seen,**
Kirchenstr. 2, 18292 Krakow am See,
Tel./Fax (038457) 23647

**Bützow:** Stadtinformation, Schloßplatz,
18246 Bützow, Tel./Fax (038461) 65120

**Güstrow-Information,**
Domstr. 9, 18273 Güstrow,
Tel. (03843) 681023, Fax 682079

**Krakow:** Krakow-Information,
Schulplatz 1, 18292 Krakow am See,
Tel. (038457) 22258, Fax 23613

**Teterow:** Tourist-Information,
Mühlenstr. 1, 17166 Teterow,
Tel. (03996) 172028, Fax 187795

**Malchin:** Stadtinformation,
Am Markt 1, 17139 Malchin,
Tel. (03994) 640111, Fax 640333

**Reuterstadt-Stavenhagen:**
Stadtinformation,
Markt 8, 17153 Reuterstadt-Stavenhagen,
Tel. (039954) 22077, Fax 22055

**Naturpark Mecklenburger Schweiz und Kummerower See,**
17139 Remplin, Schloßstr. 6,
Tel./Fax (03994) 210603

## Campingplätze

**1 Bützow:** *Camping Sandgarten,*
ca. 15 km nördl. in Schwaan,
Tel. (03844) 813716

(großer Wiesenplatz an der Warnow, Ver- und Entsorgung, Boots- und Fahrradverleih; ganzjährig geöffnet)
**2 Krakow:** *Naturcamping Krakow am See,*
Am Windfang 1, Tel. (038457) 22469
(baumbestandener Wiesenplatz direkt am See, Boots- und Fahrradverleih, Bungalows; geöffnet Ostern–Okt.)
**3 Dahmen:** *Camping Dahmen,*
Tel. (039933) 70379
(schöner Wiesenplatz direkt am See, Ver- und Entsorgung; Boots- und Fahrradverleih; ganzjährig geöffnet)
**4 Malchin:** *Azur Camping Seedorf,*
Tel. (039957) 20850
(schön im Wald und direkt am See gelegener Platz mit Ver- und Entsorgung und Bootsverleih; geöffnet: April–Sept.)

## Park-, Rast- und Stellplätze

**1 Güstrow:** Östlich der Stadt an der B104 beim Natur- und Umweltpark ebener, unbefestigter Platz mit hohen Bäumen direkt am Kanal; etwas abseits der Straße und einigermaßen ruhig.
**2 Krakow:**nördlich des Orts nach Osten in Richtung See zu kleinem, ebenem und ruhig gelegenem Teerplatz mit hohen Bäumen; Spazierwege zum See und zur Schiffsanlegestelle.
**3 Teterow:** am nördlichen Ortsende (B108) rechts zum See biegen; zunächst geradeaus, dann links halten; großer, ebener und ruhiger Schotterplatz am Waldrand mit Vogel- und Froschkonzert und schönem Spazierweg zum See. Auch innerhalb der Stadt nahe dem Zentrum gibt es einen großen, ebenen und relativ ruhigen Parkplatz nicht weit vom See; ein weiterer liegt nahe der südlichen Umgehungstraße in einem herrlichen Park direkt am Rande der Altstadt.
**4 Burg Schlitz:** gegenüber der Zufahrt zum Schloß, östlich der Straße großer gepflasterter und ruhiger Parkplatz am Waldrand mit Spazierwegen; gleich gegenüber steht der Gasthof »Zum Goldenen Frieden« mit guter mecklenburger Küche, Wild- und Fischgrichten.
**5 Reuterstadt-Stavenhagen:** an der B104 Richtung Neubrandenburg am östlichen Stadtrand schöner großer Pflasterparkplatz mit hohen Bäumen (außerdem westl. der Stadt einige km in Richtung Malchin Rastplatz an der B104)
**6 Ivenack:** am Ortsende in Richtung Eichenwald nahe dem alten Gutsschloß sehr schön gelegener und ruhiger unbefestigter Parkplatz

## Sehenswert

**Güstrow:** Schloß mit Schloßmuseum, Dom, Markt, Gertrudenkapelle mit Barlach-Gedenkstätte und Barlach-Atelier (s.u. Museen); Natur- und Umweltpark, (Verbindungschaussee 8, Tel. 828475; außerhalb an der B104 in Richtung Teterow; tägl. 9–18 Uhr)
**Kuchelmiß:** Historische Wassermühle (Tel. 60666; Mai–Okt. Tägl. 9–17 Uhr)
**Teterow:** Stadtbild, Burgwallinsel
**Karstorf:** Burg Schlitz (wird z.Z. renoviert und soll danach als Hotel dienen, sehenswert ist aber der 50 ha große Landschaftspark)

**Basedow:** Das prachtvoll renovierte Schloß im großen Landschaftspark sollte man sich nicht entgehen lassen. Im Park liegen zwei gut erhaltene Großsteingräber. Sehenswert ist auch die Kirche von Basedow.
**Ivenack:** Hudewald mit über 1000jährigen Eichen und Wildgatter

## Museen

**Güstrow:** *Schloßmuseum*, Tel. 7520 (Di–So 9–17 Uhr)
*Gertrudenkapelle*, Gertrudenplatz 1, Tel. 683001 (März–Okt. Di–So 11–17 Uhr, sonst 11–16 Uhr)
*Barlach-Atelier*, am Inselsee, Heidberg 15, Tel. 82299 (B104 in Richtung Teterow, nach 4 km am Waldrand rechts ab in Richtung Bölkow; März–Okt. Di–So 11–17 Uhr, sonst 11–16 Uhr)
**Teterow:** *Stadtmuseum*, Am Südring 1 (Malchiner Tor), Tel. 172827 (Stadtgeschichte sowie Ur- und Frühgeschichte mit Funden von der Burgwallinsel; Di–Fr 10–12 und 13–17 Uhr, Sa/So 14–17 Uhr)
**Reuterstadt-Stavenhagen:** *Fritz-Reuter-Literaturmuseum*, Rathaus am Markt, Tel. (039954) 21072 (Mo–Fr 9–17, Do 9–20, Sa/So 10–17 Uhr)

## Restaurant-Tips

**Teterow:** *»Wendenkrug«*, Burgwallinsel, Tel. (03996) 12840 (sehr romantisch auf der Insel gelegenes und nur mit der Fähre zu erreichendes Restaurant mit großem Garten und sehr guten Fischgerichten)
**Tellow:** *»Zum Thünenstall«*, (ca. 6 km nördlich von Teterow, hinter Thükow), Dorfstraße, Tel. (039976) 50395 (Di–Fr 17–23 Uhr, Sa/So 11–23 Uhr; gemütlich-rustikale Gaststätte mit Holzdecke, weißen Putzwänden und bäuerlicher Dekoration beim Thünen-Museum, dem sich der reizvolle Thünen-Park anschließt; serviert werden deftige Wildgerichte, hausgemachter Kuchen und edle Weine).

Hymermobil

# DIE »GROSSEN SEEN«

## Von der Müritz zum Plauer See und durch die Nossentiner/ Schwinzer Heide

*Das »Mecklenburger Interlaken« an der Müritz, dem größten deutschen See, und die orientalische Kirche von Ludorf. Von der alten Tuchmacherstadt Malchow zur historischen Sommerfrische Plau, ins Museumsdorf Alt-Schwerin und durch einsames Heideland zu den Wisenten auf dem Damerower Werder.*

## Durch leuchtende Rapsfelder ins schmuck herausgeputzte Waren

Noch immer strahlt die Sonne vom weiten, wolkenlosen Himmel, als könne sie gar nicht mehr damit aufhören. Und mit entsprechend sonniger Sonntagslaune rollen wir südwärts durch endlose dottergelbe Rapsfelder. Die Mecklenburger Schweiz bleibt hinter uns zurück, und wir nähern uns dem Städtchen Waren und den »Großen Seen« Mecklenburgs. Der Versuchung, gleich einen Abstecher in den Müritz-Nationalpark zu machen, widerstehen wir mit Mühe und steuern unser rollendes Zuhause zunächst in die Müritz-Stadt Waren, die wir schon auf unseren ersten Reisen besucht haben. Sie ist kaum wiederzuerkennen. Vor zehn Jahren noch ein graues Mäuschen, hat sie sich herausgeputzt wie eine Braut zum Hochzeitstag: hell und sauber sind die Straßen, neu verputzt und frisch gestrichen die Fassaden, mit kräftigen Farbtupfern dazwischen, und voll strahlender Lebensfreude die ganze Stadt.

Die engen Gassen, durch die wir uns damals mit unserem Wohnmobil gezwängt haben, sind jetzt für den Verkehr gesperrt. Dafür finden wir unmittelbar am Rande der Altstadt einen idealen Parkplatz neben einer Gärtnerei, der gerade zum Wohnmobil-Stellplatz aus-

*Der Markt von Waren/Müritz hat sich schmuck herausgeputzt*

*In der Fußgängerzone von Waren/Müritz*

gebaut wird. Wenig später bummeln wir durch die touristische Metropole der Seenplatte, die nicht zu unrecht als das »Interlaken Mecklenburgs« gerühmt wird. Bereits 1845 eröffnete hier die erste Seebadeanstalt, und seither hat sich die terrassenförmig auf dem Sporn einer Endmoräne gelegene Stadt zu einem beliebten Bade- und Ausflugsort entwickelt. Drei große Seen schließen sie von allen Seiten ein, darunter die Müritz (von slawisch Morczc = kleines Meer), der größte ganz in Deutschland gelegene See. Und in ihrem Rücken dehnt sich das Naturparadies des Müritz-Nationalparks mit urwüchsiger Natur, mit Wäldern, Sümpfen und weiteren Seen und mit stillen Rad- und Wanderwegen. »Wandern, baden, Wasserfahren – nirgends schöner als in Waren!«, lautete der Werbeslogan schon 1931 – und bis heute hat er nichts von seiner Gültigkeit verloren.

Einen Bummel über den Markt und durch die Fußgängerzone sollte man keinesfalls versäumen. Genauso wenig wie den Besuch des Müritz-Museums, das umfassend und lebendig über die Entstehung der Seenlandschaft, über ihre Ur- und Frühgeschichte und ihre reichhaltige Flora und Fauna informiert. Ihm angeschlossen ist das Müritz-Aquarium, das mit 17 Kaltwasserbecken die Gelegenheit bietet, das Unterwasserleben der Region aus der Taucherperspektive zu erleben.

Eigentlich könnten wir gleich für die Nacht auf dem so günstig gelegenen und dennoch ruhigen Parkplatz der Gärtenrei stehenbleiben, aber Kopilot Stef hat in Waren eine Taucherbrille erworben, und die will natürlich gleich ausprobiert werden. Also muß ein Stellplatz am See her. Der freundliche Gärtner empfiehlt den Azur Ferienpark Ecktannen auf einem weitläufigen, naturbelassenen Gelände an der See-Enge zwischen Müritz und Binnenmüritz. Jetzt in der Vorsaison haben wir freie Stellplatzwahl, und kaum steht unser mobiles Häuschen am See, da hüpft mein Froschmann schon in die kühlen Fluten. »Brrr ist das kalt!«. Aber als er unter Wasser Fischlein und Frösche entdeckt, ist die Wassertemperatur vergessen, und ich muß ihn fast unter Zwang herausholen, als seine Haut sich bedenklich blau verfärbt. Eine heiße Dusche im Hymer bringt ihn rasch wieder auf die erforderlichen 37 Grad, und anschließend genießen wir unter raschelnden Birken ein ausgiebiges Abendbrot, während die Sonne in feurigem Rot über dem »Müritz-Meer« versinkt.

## Vom Müritz-Hafen Röbel zur alten Drehbrücke von Malchow

Für den nächsten Tag steht eine Rundfahrt mit Abstechern durch das Gebiet der Mecklenburger Großseen auf dem Programm. Über die Landenge zwischen dem Kölpinsee und der Müritz hindurch geht es zunächst nach Süden mit einem kurzen Stop bei Klink, um einen Blick auf das verspielte Schlößchen

*Eine noble Residenz: Schloßhotel Klink an der Müritz*

*Ein mächtiger Backsteinbau: die Nicolai-Kirche in Röbel*

am See zu werfen, das den Renaissanceschlössern an der Loire nachempfunden ist. Errichtet wurde der mondäne Traumbau 1897 für Arthur Schnitzler – heute dient er frisch renoviert als Nobelhotel mit Gourmet-Restaurant, Seeterrasse und eigenem Badestrand.

Wenig weiter verlassen wir unseren Rundkurs für einen Abstecher, um nach Röbel zu gelangen. Die typische mecklenburger Kleinstadt liegt in sanfter Hügellandschaft an einem weit ins Land vordringenden Arm der Müritz, dem sogenannten Binnensee. Mit ihren beiden alten Backsteinkirchen, holperigen Pflasterstraßen und kleinen Fischer- und Bauernhäuschen atmet sie den verschlafenen Charme vergangener Zeiten. Hübsch ist auch der neu angelegte Hafen, von dem aus die Schiffe der Weißen Flotte zu Ausflugsfahrten durch das schier endlose Labyrinth der Seen und Kanäle starten. Ein Imbißwagen direkt am Wasser offeriert »Nach altem Brauch Fisch frisch aus dem Rauch«. Da lassen wir uns nicht zweimal bitten und genießen die Delikatesse auf einem Hafenbänkchen als zweites Frühstück.

Weiter geht's über einen schmalen Bauernweg nach Ludorf, das weit über die Grenzen Mecklenburgs hinaus für sein ungewöhnliches Kirchlein bekannt ist. Der 1346 als Gutskirche errichtete Zentralbau mit hufeisenförmiger Apsis und tief heruntergezogenem Zeltdach

*»Da lassen wir uns nicht zweimal bitten!«*

*Einzigartig: die byzantinisch-orientalisch beeinflußte Kirche von Ludorf*

# VIPPEROWER KANUTREFF

## Kanu-,
## Kajak- und
## Fahrradverleih

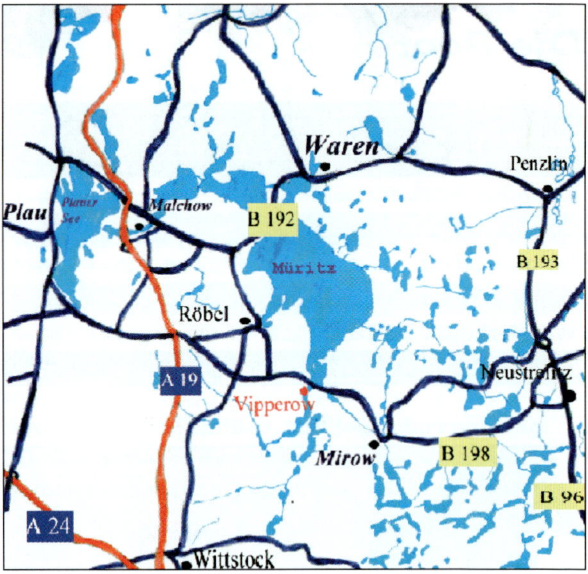


## Wie Sie uns finden:

Per Pkw von der A 19 kommend fahren Sie am Abzweig Röbel auf die B 198 in Richtung Neustrelitz (ca. 15 km). Aus Richtung Neubrandenburg kommend fahren Sie von der B 96 in Neustrelitz auf die B 198 in Richtung Röbel/ Plau (von Neustrelitz ca. 35 km).
Wir befinden uns direkt an der B 198.

## VIPPEROWER KANUTREFF

Inhaber : Horst Fründt
Mirower Straße 14 · 17209 Vipperow
Tel. 03 99 23 / 2 80 21 · Fax 2 80 20 · Handy 01 62 / 6 37 93 70

## Öffnungszeiten:

Wir haben von Mitte April bis Anfang Oktober täglich für Sie geöffnet. Für genaue Absprachen freuen wir uns auf Ihre Anrufe.

*Malchow liegt von Seen umgeben wie auf einer Insel*

wurde durch byzantinisch-orientalische Einflüsse geprägt und bietet in dieser Umgebung einen ebenso überraschenden wie bezaubernden Anblick. Wer bisher keine der drei in Mecklenburg heimischen Adlerarten gesehen hat oder diese majestätischen Tiere einmal aus nächster Nähe bewundern will, kann seinen Abstecher weiter südwärts nach Wredenhagen ausdehnen, um dort im historischen Adler- und Falkenhof der Burg Wredenhagen die Flugvorführungen zu erleben.

Für uns ist hier das Ende des Abstechers erreicht und es geht auf gleichem Wege zurück zur B192, der wir westwärts nach Malchow folgen, das wie auf einer Insel zwischen dem Plauer See, dem Fleesensee und dem schmalen Malchower See liegt. Leider ist unser Reisemobil zu schwer für die alte Drehbrücke, so daß wir unsere Fahrt nicht wie geplant durch die Stadt fortsetzen können. Aber unmittelbar am Damm, der das einst als »mecklenburgisches Manchester« bekannte Tuchmacherzentrum seit 1846 mit dem Südufer verbindet, finden wir einen Parkplatz, von dem aus wir bei einer Kaffeepause den reizvollen Blick über den See hinweg auf das alte Städtchen genießen können. Nur wenige Schritte vom Parkplatz entfernt erhebt sich die historische Klosteranlage von 1298, die bauliche Hauptattraktion Malchows, mit malerisch eingewachsenen Mauern und einer wunderschönen

*Die filigrane Klosterkirche von Malchow*

neogotischen Kirche, die ein zierlich schlanker Turm und kostbare Glasmalereien zieren.

Als wir Malchow südlich umfahren, stoßen wir zum ersten Mal auf ein für deutsche Straßen höchst ungewöhnliches Verkehrsschild: »Vorsicht! Otterwechsel!«, warnt es. Fischotter auf deutschen Straßen?! Tatsächlich haben die possierlichen Schwimmer im Wasserparadies Mecklenburg bis heute ihr Revier und wechseln auf ihren nächtlichen Streifzügen auch über Bundesstraßen.

*Da staunt der Reisemobilist und wundert sich!*

## Von Dampfschiffen, Logierhäusern, Lokomobilen und Büffeln

Wir biegen links ab und tuckern über ein schmales Landsträßchen südwärts in Richtung Stuer, dann nach Westen durch herrliche Wälder am Südufer des Plauer Sees entlang und im Bogen um den ganzen See herum. An seinem Westufer liegt in abwechslungsreicher Landschaft Plau, das alte slawische »Plawe« (Flußstadt). Auf zwei Superlative kann man hier stolz sein: bei der mit 65 m höchstgelegenen Stadt Mecklenburgs mündet die Elde, der mit 220 längste Fluß des Landes. Nach Osten könnte man von hier aus mit dem Boot über die »Großen Seen« und ein Netz romantisch eingewachsener Seerosenkanäle das gesamte Seengebiet durchstreifen und bis zur polnischen Grenze gelangen; nach Westen führt die wenig befahrene Müritz-Elde Wasserstraße bis zur Elbe bei Dömitz, wo wir unsere Tour begonnen haben, und über den abzweigenden Stör-Kanal erreicht man Schwerin, von wo man mit Paddelbooten sogar den Wallensteingraben (Naturschutzgebiet) hinab bis nach Wismar an der Ostsee fahren kann. Wasserwege noch und noch! So ist es auch nicht verwunderlich, daß von Plau aus 1845 das erste Binnendampfschiff seine Jungfernfahrt unternahm. Für kräftigen Schub sorgte eine Hochdruckdampfmaschine nach dem »Albanschen Prinzip«, dessen Erfinder, der Ingenieur Ernst Alban, just in Plau zu Hause war. Um 1900 jedoch setzte mit der Eröffnung der ersten Kurhäuser der Wandel vom Industrieort zur beliebten

*Gigantisches Lokomobil im Freilichtmuseum Alt-Schwerin*

Sommerfrische ein. Malerische Logierhäuser aus der Zeit der Jahrhundertwende sind noch heute im etwa 4 km außerhalb gelegenen Ortsteil Seelust zu sehen.

In Alt Schwerin, an der Nordseite des Plauer Sees, erreichen wir das Agrarhistorische Museum. Das heißt, nein, korrekt müßte ich sagen: gelangen wir ins Agrarhistorische Museum, denn diese Sammlung ist etwas Besonderes. Ausstellungen zur Geschichte der Landwirtschaft gibt es in Mecklenburg eine ganze Reihe, aber hier steht nicht ein Museum im Dorf, sondern das ganze – bewohnte – Dorf *ist* ein lebendiges Museum. Es zeigt die Wohn-, Lebens- und Arbeitsverhältnisse der Bauern von der Zeit der Leibeigenschaft bis zur Gegenwart: Taglöhnerkaten und eine Windmühle, gigantische Lokomobile und greise Traktoren, einfache Geräte und den agrarindustriellen Maschinenpark einer LPG. Freitags wird im Steinofen Brot gebacken, und an den Aktionstagen werden Handwerke und bäuerliche Arbeit vorgeführt. Den Back-Freitag mit frischem Brot haben wir leider verpaßt, aber im »Mecklenburger Bauernkrug« mit musealem Ambiente lassen wir uns die deftige regionale Küche schmecken.

»Wann kommen wir endlich zu den Büffeln!?«, hat Stef schon den ganzen Tag gefragt. Jetzt! Auf schmalen Bauernsträßchen geht es wieder ostwärts in Richtung Waren – aber jetzt nördlich der Seen durch die weitläufigen Wald- und

*Windmühle im Freilichtmuseum Alt-Schwerin*

*Jabelscher See: Badefreuden direkt vor der Womo-Tür*

Heidelandschaften des Naturparks Nossentiner/Schwinzer Heide. Durchsetzt von Seen und Mooren und nur wenig besucht, ist der Naturpark ein herrlich stilles Wandergebiet – allerdings nicht überall, denn in einem Teil des 320 km² großen Naturidylls übt heute die Bundeswehr.

Genußvoll rollen wir durch die traumhafte Landschaft, während die Sonne vom Himmel brennt, als wäre schon der Sommer ausgebrochen. Als wir dann kurz nach der Abzweigung hinter Jabel eine geradezu perfekte Badestelle am Jabelschen See entdecken, ist ein Stop unvermeidlich. Die Büffel können warten. Fast von der Stufe unseres rollenden Ferienhäuschens springt Stef ins gar nicht mehr so kühle Naß. Er quietscht vor Vergnügen und taucht nach Fischen und Krebsen, während ich mir im Schatten einen Kaffee gönne und den Blick über wogendes Schilf und in der Sonne glitzerndes Wasser genieße.

Am Ende des Sträßchens gelangen wir am späten Nachmittag auf den traumhaft gelegenen Parkplatz des Wisentgeheges und sind uns sofort einig: »Hier gehen wir heute nicht mehr weg!«.

Etwas außerhalb des Weilers Damerow dehnt sich der riesige und rings von Wäldern eingeschlossene Wiesenplatz am Rand des Naturschutzgebiets und

*Fast im Blütenmeer versunken auf dem Parkplatz am Damerower Werder*

*Begegnung der urigen Art: Wisentbulle im Freigehege*

nur wenige Schritte vom Kölpinsee entfernt. Na, schöner kann man doch nicht wohnen!

Ein sandiger Weg führt durch den Wald zum Wiesentrevier. Eine ganze Herde dieser urig-zotteligen Büffel lebt auf der 320 Hektar großen Halbinsel Damerower Werder zwischen Kölpinsee und Jabelschem See unter weitgehend natürlichen Bedingungen. Nur einige Tiere werden in einem Schaugatter gehalten, damit Besucher sie zu Gesicht bekommen. Einst waren die mächtigen und bis zu 1,5 Tonnen schweren Waldbüffel über ganz Europa und Mittelasien verbreitet, doch durch Jagd und Zerstörung ihres Lebensraums wurden die Herden drastisch dezimiert. Die letzten wild lebenden Wisente in den Urwäldern Polens haben während des Ersten Weltkriegs hungrige Armeen im wahrsten Wortsinn aufgefressen. Nur drei in Gefangenschaft gehaltene Tiere haben überlebt: ein Bulle und zwei Kühe. Von ihnen stammen alle heute lebenden Wisente ab. 1957 schenkte Polen dem Bruderstaat DDR ein Zuchtpaar, das sich auf dem Damerower Werder inzwischen zu einer stattlichen Herde vermehrt hat.

Route
Abstecher
Park- und Rastplätze
Campingplatz
Museum
Sehenswürdigkeit
Schloß / Burg
Kloster
10 km
Neubrandenburg
Reuterstadt Stavenhagen
Ivenack
Basedow
Gielow
Karstorf
Malchiner See
Langhagen
Dahmen
Kuchelmiß
Krakow am See
Krakower See
Vollrathsruhe
Moltzow
Faulenrost
Rosenow
Klittendorf
Alt Schönau
Drewitzer See
Karow
Alt Schwerin
Jabel
Damerow
Waren
Klein Plasten
Möllenhagen
Penzlin
Burg Stargard
Tollensesee
Alt Rehse
Groß Vielen
Ankershagen
Klein Vielen
Hohenzieritz
Kratzeburg
Kargow
Federow
Speck
NSG
Plau am See
Plauer See
Fleesensee
Kölpinsee
Malchow
Klink
Sietow
Müritz
Boek
Pagelsee
Möllenbeck
Neustrelitz
Zierker See
Carpin
Serrahn
Großer Fürstensee
Stuer
Leizen
Röbel
Ludorf
Rechlin
Jäthensee
Roggentin
Userin
Strelitz Alt
Zwenzow
Großer Labussee
Fürstensee
Meyenburg
Freyenstein
Wredenhagen
Mirow
Thüren
Wesenberg
Wolkuhl
Comthurey
Godendorf
Sewekow
P1
P2
P3
P4
P5
P7
P8
P9
P
1
2
3
4
5
6
7
8
9
19
96
103
104
108
191
192
193
198

## Strecke

Ivenack - Waren/Müritz - Klink - Röbel - Malchow - Stuer - Plau - Alt Schwerin - Jabel - Waren

## Streckenlänge

Gesamtfahrstrecke ca. 160 km (einschl. Abstecher Röbel und Ludorf); Abstecher Röbel-Wredenhagen zus. ca. 26 km)

## Straßenzustand

Die Straßen der Hauptroute bis Alt-Schwerin sind gut ausgebaut - überwiegend Bundesstraßen. Röbel-Ludorf: schmales Landsträßchen. Verbindung von Malchow zur B 198 ebenfalls schmales Landsträßchen durch schöne Landschaft. Brücke in Malchow für Lastwagen über 2 Tonnen gesperrt (Umfahrung über die Autobahn). Die Strecke von Alt Schwerin zurück nach Waren führt auf schmalen aber meist guten Teersträßchen durch die reizvolle Nossentiner Heide mit Abstecher hinter Jabel zum Damerower Werder (schmal aber gut fahrbar).

## Information

**Fremdenverkehrsverband »Mecklenburgische Seenplatte«,**
Turnplatz 1, 17207 Röbel,
Tel. (039931) 51381, Fax 51386;
Internet: http://www.Mecklenburgische-Seenplatte.de

**Naturpark Nossentiner-/Schwinzer Heide,** Ziegenhorn 1, 19395 Karow,
Tel./Fax (038738) 70292

**Waren-Information:** Neuer Markt 21, 17192 Waren, Tel. (03991) 666183, Fax 664330, Internet: www.mueritz.de

**Röbel:** Tourist-Information, Am Hafen, 17207 Röbel, Tel./Fax (039931) 50651

**Malchow:** Verkehrsverein, An der Drehbrücke, 17213 Malchow, Tel. (039932) 83186, Fax 83125

**Plau:** Tourist-Information, Burgplatz 2, 19395 Plau, Tel. (038735) 45678, Fax 41421

## Campingplätze

**1 Waren** *1 Azur Ferienpark Ecktannen,* (vom Zentrum Waren B192 Richtung Ecktannen) Tel. (03991) 668513, Fax 664675 (sehr schöner, ruhiger und weitläufiger Naturplatz fast direkt am See mit Badeufer, Wald und vielen Einzelbäumen; Ver- und Entsorgung; Segeln, Surfen, Angeln, Spiel- und Sportgelände; geöffnet 15.03.–15.11.)

**2 Waren:** *Camping Kamerun,* Waren West, Tel. (03991) 122406, Fax 122512 (im Wald am Müritz-Ufer, Ver- und Entsorgung, Surfschule, Boots- und Fahrradverleih; April–Okt.)

**3 Gotthun:** (bei Röbel), *Camping Hirschberg,* Schloßstr. 4, Tel. (039931) 50965 (kleiner Platz mit 50 Stellplätzen; Womo-geeignet; FKK-Strand; April–Okt.)

**4 Zielow:** (bei Röbel), *Camping Zielow,* Am Seeufer, Tel. (039923) 2420 (kleiner, intimer Platz mit 30 Stellplätzen; Womo-geeignet; Boots- und Fahrradverleih; ganzjährig geöffnet)

**5 Malchow:** *Naturcamping Malchow,* am Plauer See, Tel. (039932) 49907, Fax 49908 (großer Platz am See mit Ver- und Entsorgung; Boots- und Fahrradverleih; ganzjährig geöffnet)
**6 Zislow:** *Naturcamping Zwei Seen,* am Plauer See SW von Malchow, Tel. (039924) 2550 (großer, schön gelegener Platz am See mit Ver- und Entsorgung; Bungalows, Boots-, Surfbrett- und Fahrradverleih; ganzjährig geöffnet)
**7 Bad Stuer:** *Camping Bad Stuer,* Am Seeufer, Tel. (039924) 2263, Fax 2317 (Womo-geeignet; Bootsverleih; April–Okt.)
**8 Plau:** *Camping Zuruf,* Plau-Plötzenhöhe, Tel. (038735) 2878, Fax 2879 (schön gelegener Platz am Plauer See mit Ver- und Entsorgung; Bungalows, Boots- und Fahrradverleih und FKK-Strand; ganzjährig geöffnet)
**9 Alt Schwerin:** *FKK-Naturcamping Werder,* bei Alt Schwerin, Wendorf 5, Tel./Fax (039932) 42074 (idyllisch auf einer Halbinsel im Plauer See gelegener Platz mit Ver- und Entsorgung und Bootsverleih; April–Okt.)

## Park-, Rast- und Stellplätze

**1 Waren:** *Wohnmobilstellplatz* Mecklenburger Straße (auf der B192 von Nordosten kommend erste Abfahrt vor Altstadt links), Tel 03991/668557; neu eingerichteter Platz links der Straße bei der Gärtnerei; Stromanschluß, Ver- und Entsorgung; ideale Lage nur wenige Schritte von der Altstadt und doch recht ruhig; auch günstige Gebühren für Kurzparker (außerdem nahe Ortsausgang nach Süden östlich der B192 mehrere unbefestigte, ebene Parkplätze mit Zugang zum Badestrand)
**2 Alt-Schloen:** östlich von Waren via B192, in Schloen links abbiegen, durch Alt-Schloen fahren; danach zweiter Hof links: »Sabines Bio-Bauernhof«, Hotel-Restaurant und Reiterhof mit Wohnmobil-Stellplatz (DM 10.–/Nacht) auf schattenloser Wiesenfläche mit Beleuchtung, Stromanschluß, Ver-/Entsorgung, Toiletten, Duschen, Spielplatz, Badeteich, Streichelzoo und empfehlenswertem Restaurant; Information: Sabines Biobauernhof, Devener Weg 5, 17192 Alt-Schloen, Tel. 039934/7575, Fax 7312
**3 Röbel:**Sehr großer unbefestigter Parkplatz am Ortsrand gegenüber dem Hafen; gebührenpflichtig
**4 Malchow:** nach der Abzweigung zur Stadt und unmittelbar vor dem Damm unbefestigter Parkplatz; weder sonderlich sauber noch sehr ruhig und kaum Schatten, aber nette Lage nahe der Klosterkirche und mit Blick auf See und Stadt)
**5 Bad Stuer:** Rastplatz an der B 198 im Wald westl. von Bad Stuer; Picknickplatz mit Schutzhütte, aber straßennah und nicht sehr ruhig)
**6 Plau:** nördlich der Stadt an der B103 kurz vor Leisten netter kleiner Wiesenparkplatz mit Badeufer an der Leistener Lanke; aber Vorsicht: steile und schwierige Ausfahrt direkt auf die Bundesstraße!)
**7 Alt Schwerin:** Besucherparkplatz des Agrarhistorischen Museums; großer und recht ruhiger, unbefestigter Platz mit hohen Bäumen

**8 Jabel:** bei der Bahnüberführung westl. des Orts hübscher Waldparkplatz an der Abzweigung zum Forsthaus; noch schöner ist aber der folgende:
**9 Damerow:** am Ortsende von Damerow (nördlich von Jabel rechts abbiegen und der schmalen Straße entlang dem Jabelschen See folgen; unterwegs Badeufer!); traumhaft gelegener und sehr großer Wiesenplatz beim Schaugatter, von Wald umgeben und sehr ruhig, tagsüber Imbißwagen; Vorsicht: an der Einfahrt stellenweise weicher Sand!

## Sehenswert

**Waren:** Stadtbild am Neuen Markt, Rathaus, Marienkirche
**Röbel:** Stadtbild und Hafen
**Ludorf:** byzantinisch-orientalische Kirche
**Wredenhagen:** Historischer Adler- und Falkenhof Burg Wredenhagen (Ostern–Okt. Besichtigung 10–18 Uhr, Flugvorführungen tägl. 14.30 und 16.30 Uhr)
**Malchow:** Klosterkirche, Stadtbild, historische Drehbrücke, Fachwerkrathaus
**Plau:** historische Hubbrücke, Stadtkirche mit wertvoller Ausstattung
**NSG Nordufer Plauer See:** Naturpark-Verwaltung mit Ausstellung an der B 192 nahe der Kreuzung mit B103; wenig weiter östlich Aussichtsturm »Moorochse« zur Beobachtung der Vogelwelt
**Damerower Werder:** Wisent-Schaugatter (geöffnet tägl. 9–18 Uhr; Fütterung tägl. 10 und 15 Uhr)

## Museen

**Waren:** *Müritz-Museum mit Aquarium und Vogelpark*, Friedensstr. 5, Tel. 03991/667600 (das älteste naturkundliche Museum des Landes bietet Einblick in Geologie, Geschichte, Flora und Fauna der Müritz-Region; sehr empfehlenswert; Mai–Sept. Di–Fr 9–18 Uhr, Sa/So 9–12 Uhr und 14–17 Uhr; sonst Di–Fr 10–16, Sa/So 10–12 und 14–16 Uhr)
**Alt Schwerin:** *Agrarhistorisches Freilichtmuseum*, Dorfstr. 21, 17214 Alt Schwerin, Tel. 039932/49918, Fax 49917 (Mai–Sept. Tägl. 10–17 Uhr, April+Okt. Di–So 10–17 Uhr, Führungen nach Anmeldung auch außerhalb dieser Zeiten)

## Restaurant-Tips

**Waren/Müritz:** *»Altes Reusenhaus«*, Schulstraße 1, Tel. 666897 (entzückendes Fachwerkhaus mit »fischophilem« Gastraum auf zwei Etagen und Biergarten; hier kann man frischen und hervorragend zubereiteten Fisch aus den Warener Seen genießen)
*»Schloß Klink«*, Schloßstraße, Tel. (03991) 141855 (Gourmet-Restaurant im herrlich am Müritzufer gelegenen Traumschloß mit Seeterrasse und großem Park)
**Röbel:** *»Seglerheim«*, Müritzpromenade 11, Tel. (0329931) 59181 (Über dem Wasser essen kann man in dem auf Pfählen erbauten und reetgedeckten Restaurant im alten Seglerhafen; Spezialitäten sind mecklenburger Fischgerichte wie Maräne, Zander, Hecht

*Quartett der Pilzköpfe*

und Barsch frisch aus der Müritz; tägl. 11–14 Uhr, Nov–März Mi Ruhetag)

## Exkurs

**Naturpark Nossentiner / Schwinzer Heide**

Zwischen den Orten Goldberg, Jabel, Karow und Krakow am See erstreckt sich der 320 km² große Naturpark Nossentiner/Schwinzer Heide. Obwohl er an Schönheit und Vielfalt seiner Naturräume anderen Großschutzgebieten Mecklenburgs nicht nachsteht, ist er relativ wenig bekannt und deshalb auch nur schwach besucht. Das außerordentlich dünn besiedelte Gebiet (nur 2% der Fläche entfallen auf Siedlungen) ist zu über 50% bewaldet. Die ursprünglichen Mischwälder haben allerdings schon vor langer Zeit die holzfressenden Glashütten verschlungen, an die heute nur noch die Ortsnamen erinnern. An ihre Stelle sind pilzreiche Kiefernwälder getreten, in die 57 Seen und zahlreiche Moore eingebettet sind.

Die Perle unter den Seen im Schutzgebiet ist der Drewitzer See, ein zu- und abflußloser, von Wald umgebener See mit glasklarem Wasser und einer ungewöhnlich artenreichen Tier-und Pflanzenwelt. Der Krakower Obersee ist für seinen besonderen Vogelreichtum bekannt. Hier kann man mit etwas Glück und Ausdauer sogar See- und Fischadler beobachten. Nirgends in Europa ist der Bestand an Seeadler-Brutpaaren so dicht wie im Naturpark Nossentiner/Schwinzer Heide.

Durch das sieben Seen umfassende NSG Seen- und Bruchlandschaft Alt-Gaarz führt ein als Rundwanderweg angelegter Naturlehrpfad. Besonders schön sind auch die Calluna- und Wacholderheiden des Naturparks – etwa im NSG Jellen, wo die Wacholderbüsche aussehen wie eine Zwergenarmee, die im Kiefernwald aufmarschiert ist.

Hauptattraktion des Naturparks ist jedoch das NSG Damerower Werder, wo auf einer 320 Hektar großen Halbinsel eine statliche Herde von wisenten durch die Wälder streift. Im Schaugatter kann man einige der mächtigen Tiere beobachten (geöffnet tägl. 9–18 Uhr; Fütterung 10 und 15 Uhr)

**Information:** *Naturpark Nossentiner/Schwinzer Heide*, Ziegenhorn 1, 19395 Karow, Tel.Fax (038738) 70292

**Camping:** *Waldseecamp Diana*, bei Wooster Teerofen, Köhlerweg 7, Tel. (038736) 40770 (baumbestandener Wiesenplatz am Ostufer des Langhagensees; Reitmöglichkeit, Surfbrett-, Boots- und Fahrradverleih; geöffnet Ostern–Oktober)

Hymermobil

# MÜRITZ NATIONAL-PARK + NEU-STRELITZER KLEINSEEN

## Durch den Müritz-NP zur Oberen Havel; rund um den Tollensesee; von Serrahn über Neustrelitz nach Boek

*Sumpfwildnis zwischen Federow und Speck. Auf abenteuerlichen Sandwegen durch Wald und Heide. Häuser aus dem 3. Jahr und Waldwildnis bei Serrahn.*

## Live-Übertragung aus dem Adlerhorst

Würzig-frische Morgenluft und vielstimmiges Vogelgezwitscher dringen durch das weit offene Fenster, unter dem ich mich noch zwischen Traum und Wachen räkle und den herrlichen Frühsommermorgen genieße. Plötzlich reißt mich ein urwelthaftes Gebrüll schlagartig aus dem Halbschlaf. Ich fahre hoch wie von der Kobra gebissen – und brauche einige Schrecksekunden bis ich begreife, daß es ein Wisentbulle von der nahen Halbinsel ist. Bis Stefan munter wird, habe ich im Schatten der Bäume schon das Frühstück aufgebaut: duftenden Kaffee, gebratenen Speck und Spiegeleier. Und während wir es uns schmecken lassen, können wir am Waldrand zwei grasende Rehe beobachten und einen Fuchs, der von seinen nächtlichen Streifzügen zurückkehrt.

Noch ehe der Morgentau ganz getrocknet ist, sind wir schon wieder startklar. Heute liegt die vielleicht faszinierendste Etappe der Reise vor uns. Kreuz und quer durch den Müritz Nationalpark soll es gehen: über 300 $km^2$ weitgehend unberührte Natur mit riesigen Buchenwäldern, zahllosen Seen und Sümpfen, Bruchwald und Schilfdickicht, sandigem Heideland und zahlreichen Tierarten, die in anderen Gebieten Europas längst

*Moorige Seeufer im Müritz Nationalpark*

## Müritz Nationalpark

*Der insgesamt 318 km² große Nationalpark unterteilt sich in zwei voneinander getrennte Gebiete. Der größere Teil erstreckt sich vom Ostufer der Müritz bis etwa zur Linie Ankershagen-Wesenberg-Boek. Der kleinere Teil liegt östlich von Neustrelitz und nimmt ungefähr die Fläche zwischen Fürstensee, Carpin und Triepkendorf ein. Von der Gesamtfläche des Parks sind 65% bewaldet, 12% umfassen die Gewässer, 8% Moore und 6% Wiesen und Weiden. Nur 3% sind noch Ackerland. Während im westlichen Teil die ursprünglichen Mischwälder weitgehend durch Kiefernbestände verdrängt wurden, findet man im kleineren Serrahner Schutzgebiet noch riesige alte Buchenwälder, die das größte zusammenhängende Buchenwaldgebiet des mitteleuropäischen Tieflands bilden.*

*117 Seen von mehr als einem Hektar Fläche finden sich im Nationalpark. Verlandete Tümpel, Sölle, Sümpfe und Senken bilden verschiedenartigste Moore in den unterschiedlichsten Entwicklungsstufen. Durch die Absenkung des Wasserspiegels um fast 2 m beim Bau der Müritz-Elde Wasserstraße sind besonders am Ostufer der Müritz große, mit Erlen und Birken bestandene Bruchwälder entstanden. Im dortigen »Spukloch« dehnt sich noch eine ursprüngliche Wacholderheide, wie sie einst das gesamte Gebiet zwischen Boek und Waren bedeckte.*

*Von den Fließgewässern des Parks ist die Havel das bedeutendste. Ihr Quellgebiet liegt südöstlich von Ankershagen, von wo sie sich über eine Kette malerischer Seen quer durch den Nationalpark schlängelt. Ihr Oberlauf bildet eine der faszinierendsten Kanurouten Deutschlands.*

*Den nordöstlichen Teil um Serrahn durchziehen bis zu 100 m hohe Endmoränen, an deren Südseite sich eine ausgedehnte Sanderfläche anschließt, auf der mehrere große Binnendünengebiete entstanden sind – etwa östlich von Granzow. Die vielfältigen Landschaften und Biotope des Parks bieten Lebensraum für zahlreiche und sehr unterschiedliche Pflanzen- und Tierarten. Von den über 700 Farn- und Blütenpflanzen des Parks sind mehr als die Hälfte vom Aussterben bedroht; über 43 verschiedene Libellenarten und 800 verschiedene Schmetterlinge wurden im Bereich des Parks gezählt. Hier sind Frösche, Kröten und Unken ebenso zu Hause wie Ringelnatter, Kreuzotter und die seltene Sumpfschildkröte. Besonders interessant und artenreich ist die Vogelwelt des Nationalparks, die 240 verschiedene Arten umfaßt, darunter so seltene wie Schwirl, Bekassine, Rohrdommel, Eis-*

**Ringelnattern sind noch zahlreich im Müritz Nationalpark**

*vogel, Kranich und Schwarzstorch. Zu den zwölf heimischen Greifvogelarten zählen auch die majestätischen Fisch- und Seeadler, denen man von speziellen Beobachtungsplattformen aus sogar bei der Jagd zusehen kann. International bekannt ist das Schutzgebiet als Rastplatz für Zugvögel. Im Frühjahr und Herbst fallen hier nach Tausenden zählende Schwärme von Enten, Gänsen, Sägern, Schwänen und Limikolen ein.*

verschwunden sind. Dort war es gewesen, wo wir gleich nach dem Mauerfall mangels Wegweisern mit unserem »Selbst-ausgebauten« durch die Wälder irrten, auf abenteuerliche Sandwege gerieten und schließlich auf die Panzerpiste der Roten Armee. Und dort war es gewesen, wo beim Paddeln durch dschungelhaftes Dickicht plötzlich der uniformierte Mongole vor uns im Bach gestanden war.

Rasch liegt Waren wieder hinter uns, und zwischen dem Feisnecksee und dem Warener Stadtforst tuckern wir nach Federow am Eingang zum Nationalpark. In der Rangerstation holen wir uns eine Karte und einige gute Tips. Am faszinierendsten ist aber die Adlerbeobachtung auf dem Großbildschirm: direkt neben einem Fischadlerhorst hat die Parkverwaltung eine schwenkbare Videokamera mit starkem Zoomobjektiv installiert, die Bilder und Ton in die Station überträgt und von hier aus gesteuert werden kann. So ist man live dabei, wenn die majestätischen Vögel ihre Jungen füttern, und mit dem Zoom läßt sich jedes noch so kleine Detail auf Bildschirmgröße heranholen. Eine großartige Idee!

## Sumpfwildnis wie in Kanada und schauerliche Rufe

Wenig später rollen wir auf einem schmalen Teersträßchen durch den Park und in Sichtweite an dem Videobestückten Adlerhorst vorbei. Reglos steht der Altvogel noch immer über seinen Küken und schützt sie mit ausgebreiteten Schwingen vor der sengenden Sonne. Weite Föhrenwälder ziehen vorüber, moorige Niederungen mit Froschtümpeln und Schilfdickicht, gesäumt von Erlen und Birken, deren Stämme weiß aus dem Grün der üppigen Pflanzenwelt leuchten. Mit dem Womo durch den Nationalpark – fast wie auf Safari. Kaum ein anderes Fahrzeug kommt uns entgegen, und immer wieder gibt Neues zu entdecken.

Bei Speck ist Endstation. Ab hier führt die Straße durch die Kernzone des Parks und ist für Besucher gesperrt. Um in das nur wenige Kilometer entfernte Örtchen Boek zu gelangen, muß man einen weiten Umweg um den ganzen Park herum in Kauf nehmen. Wir machen eine ausgedehnte Mittagspause auf dem reizvoll am Ortsrand gelegenen Parkplatz, von dem es nur wenige Schritte zum

Badeufer am Hofsee sind, und tuckern dann zurück nach Schwarzenhof, wo wir zwei Fahrräder mieten, um auf Waldwegen die abgelegeneren Winkel des Parks zu erkunden.

Im milden Licht der Abenddämmerung radeln wir zunächst durch lichte Föhrenwälder und gelangen dann in eine urwüchsige Sumpfwildnis, die ebensogut irgendwo in Kanada liegen könnte. Vor uns schlängelt sich eine Ringelnatter über den Weg, auf geheimnisvoll schimmernden Moorteichen schwimmen seltene Entenarten, im Schilf quakt ein Chor von Fröschen und vor der untergehenden Sonne segeln drei Kraniche vorüber.

»Papa, Papa, was ist das?!«, ruft Stefan plötzlich erschrocken.

Dumpfe Rufe dröhnen lautstark aus dem Schilf. Unheimliche Rufe wie von urweltlichen Riesentieren. Fast könnte man glauben, in eine Szene aus ›Jurassic Park‹ versetzt worden zu sein. Die dämmerige Atmosphäre, die urzeitlich anmutende Sumpflandschaft mit gestürzten, von Moos überzogenen Baumriesen – alles paßt zusammen. Und jetzt auch noch diese schauerlichen Rufe. »Das ist nur ein harmloser Vogel,« beruhige ich ihn. »Eine Rohrdommel. Wegen ihres seltsamen Gebrülls wird sie auch ›Moorochse‹ genannt.« Doch Stef guckt mich aus ungläubigen Augen an. Dieses dumpfe Dröhnen hat so gar nichts gemein, mit dem Tschilpen, Zwitschern und Piepen, das er von der heimischen Vogelwelt gewöhnt ist.

In der hereinbrechenden Dunkelheit sind wir aus dem Sumpf zurück und verbringen die Nacht auf dem ruhigen Parkplatz beim Streichelzoo von Federow, der recht hübsch liegt – wenn die Nase sich erst einmal an den Siloduft des nahen Bauernhofs gewöhnt hat.

*Da schlagen Kinderherzen höher: im Streichelzoo von Federow*

*Fast wie Kanada: Kanu an einem stillen Waldsee*

*Lauschige Lage: das Schliemann-Museum in Ankershagen*

## Vom Troja-Entdecker und abenteuerlichen Sandpisten

Kurz nach Sonnenaufgang sind wir schon wieder auf Achse, schwenken über die B194 und 192 nördlich um den Nationalpark herum und biegen dann nach Süden in Richtung Ankershagen. Hier hat der 1822 als Sohn eines protestantischen Predigers geborene Heinrich Schliemann seine ersten acht Lebensjahre verbracht – Jahre, die seinen weiteren Werdegang entscheidend prägen sollten. »Die in meiner Natur begründete Neigung für alles Geheimnisvolle und Wunderbare wurde durch die Wunder, die dieser Ort enthielt, zu einer wahren Leidenschaft entflammt,« schrieb er in seiner Biographie. Im schmucken Pfarrhaus gleich gegenüber der Feldsteinkirche aus dem 13. Jh. ist heute das Heinrich-Schliemann-Museum untergebracht, mit Ausstellungen über das Leben des Troja-Entdeckers, mit Originalfunden und mit Nachbildungen des berühmten Priamos-Schatzes. Und auf der Wiese des parkartigen Pfarrgartens steht neuerdings ein riesiges Trojanisches Pferd, das mein Kopilot sofort erklimmt, um ihm johlend den mit einer Rutschbahn ausgestatteten Buckel runter zu rutschen.

Durch herrliche Buchenwälder geht es dann wieder in den Nationalpark hinein nach Kratzeburg. Dort sind wir vor Jahren auf dem Käbelicksee zu unserer großen Havel-Tour gestartet: durch

Schilfkanäle, über Seerosenteiche und eine Kette einsam gelegener Seen bis nach Wesenberg und dann die Obere-Havel-Wasserstraße entlang durch ein Labyrinth weiterer Seen bis nach Mirow. Viel hat sich seither nicht geändert. Kratzeburg sieht noch immer aus, als wäre die Zeit dort vor hundert Jahren stehengeblieben. Eine rumpelige Pflasterstraße führt weiter über Dalmsdorf nach Granzin. Bei der Granziner Mühle – dort wo wir damals auf einer Panzerpiste das Territorium der Roten Armee durchquert haben – stoßen wir auf ein nagelneues Teersträßchen. Hat sich also doch etwas getan! Dann können wir sicher weiter südwärts steuern, freuen wir uns, und über Babke nach Roggentin gelangen – ohne im Sand stecken zu bleiben. Fast geräuschlos rollen wir durch die traumhaften Wälder am Pagelsee entlang und entdecken eine idyllische Badestelle mit breitem Sandufer mitten im Wald, die sofort als möglicher Übernachtungsplatz vorgemerkt wird.

*Idyllisches Badeufer am stillen Pagelsee*

*Dem Trojanischen Pferd den Buckel runterrutschen!*

Krienke: das Teersträßchen endet. Im Dorf gibt es nur noch Feldwege. ›Na das wird nur die Ortsdurchfahrt sein,‹ denke ich. Denkste! Dahinter geht der Feldweg weiter: zwei Fahrspuren im weichen Sand der Heidelandschaft. Unmittelbar hinter dem Ort halte ich an einer leichten Steigung an. »Ja, spinnst du jetzt?!«, stößt Stef hervor. »Da kommst du doch nie mehr weg!«

»Nein, ich spinne nicht, aber erstens will ich ein Foto machen, zweitens will ich

*Auf trügerischen Sandwegen hinter Krienke*

wissen, wie sich unser Hymer auf Sand verhält. Und falls er es vorwärts nicht packt, kann ich drittens ein paar Meter bergab zurücksetzen, um in Krienke zu wenden.«

Nicht nötig: mühelos setzt sich unser »Sternenschiff« wieder in Bewegung, ohne im Sand zu wühlen. Na, dann können wir noch ein Stück riskieren. Durch herrliches Heideland und an Föhrenwäldern vorüber rollen wir dahin, umgeben von weiter Einsamkeit. Der Sand ist erfreulich fest, und wir sind guter Dinge. Aber schlagartig kommt es ganz anders: hinter einer flachen Kuppe geraten wir auf eine Fläche mit pulverweichem Sand, durchzogen von einem Gewirr tief eingegrabener Reifenspuren. Alles Traktorenspuren! Um rechtzeitig anzuhalten ist es zu spät. Jetzt gibt es kein Bergab und kein Zurücksetzen mehr. Und erst recht kein Anhalten! Jetzt hilft nur noch Gasgeben und Beten. Im zweiten Gang und mit hoher Drehzahl, um die volle Motorkraft zu nutzen, heulen wir durch den lockeren Sand.

Stef hüpft vor Begeisterung auf dem Sitz. Das ist ganz nach seinem Geschmack! Er steckt den Kopf aus dem Fenster, um unsere Staubwolke zu bewundern, und verkündet fasziniert, daß die Hinterreifen bis zur Felge durch den Sand pflügen. Jetzt bloß den Motor nicht absterben lassen! Hoffentlich reichen unsere PS, um die vier Tonnen da wieder rauszuziehen.

»Vorsicht! Tiefe Löcher und Furchen voraus!«. Aber vom Gas gehen wäre jetzt fatal. Dann würden wir im Handumdrehen hoffnungslos festsitzen. Also, mit Schwung drüber hinweg! Der Hymer hüpft und bockt wie ein Rodeo-Hengst. In den Schränken klirrt das Geschirr – Kugelschreiber und Kassetten tanzen auf der Ablage. Mein Kopilot juchzt, als es ihn aus dem Sessel hebt.

Dann haben wir endlich wieder festen Boden unter den Reifen. Kaum zu glauben aber wahr: man braucht nicht bis in die Sahara zu reisen, um auf sandigen Pisten nach Kompaß fahren zu müssen. Das kann man auch mitten in Deutschland haben! Erstaunlich, daß unser dicker Brummer diesen »Dünensand« so wacker gemeistert hat! Sandbleche haben wir ja keine dabei – schließlich wollten wir nach Mecklenburg und nicht in die Sahara!

## Allradstrecke im Wald und Betonka auf der Heide

Sobald der Weg es zuläßt, halte ich an, um die Karte zu studieren. Da wir nicht nach Kompaß gefahren sind, befinden wir uns natürlich ganz wo anders als erwartet. Aber durch diese kriminellen Sandlöcher wieder zurück?! Besser nicht. Selbst wenn man hätte wenden können. Geradeaus weiter müßten wir der Karte zufolge bald auf der Straße nach Boek herauskommen. Also weiter!

Leider ist es im Wald und im Gewirr der Holzabfuhrwege gar nicht so einfach, ohne Kompaß einen geraden Kurs zu halten. Weitere Sandlöcher und tief ausgewaschene Fahrspuren wechseln einander ab. Dann haben wir schon wieder eine verkehrte Abzweigung erwischt und kreuzen östlich des Woterfitzsees durch den Forst. Nur zwei Fahrzeuge begegnen uns während unserer Odyssee: beides robuste Geländewagen! Die Insassen starrten uns an als würden sie gerade einem weißen Elefanten begegnen – und hätten sich sicher hämisch gefreut, wenn diese »beknackten Spinner in ihrer Riesenkiste« bis zur Achse im Sand versackt wären.

›Nichts wie weg hier!‹, denke ich. Weniger wegen der problematischen Wegverhältnisse, denn mein Vertrauen in unser Mobil ist sprunghaft gestiegen, sondern weil das Gewissen mich plagt. Auch wenn ich sicher bin, daß nirgends ein »Durchfahrt verboten!« oder dergleichen stand, so meine ich doch, daß Autos auf solchen Waldwegen nichts verloren haben – und über sieben Meter lange Wohnmobile schon zweimal nicht. Immerhin sind wir hier im Nationalpark!

Einmal sitzen wir tatsächlich fest, weil ich nach einer Strecke mit festem Sand nicht rasch genug zurückschalten konnte und dem Motor das weiche Sandloch im dritten Gang denn doch zuviel war. Aber es reicht aus, daß wir vor den Reifen kurz den schlimmsten Sand mit den Händen wegschieben – und keine drei Minuten später sind wir schon wieder mobil. Puh!

*Lauschiges Plätzchen am Pagelsee bei der Granziner Mühle*

*Am Abend paddeln wir noch eine Runde über den Pagelsee*

Bei Babke tauchen wir schließlich wieder aus der Wildnis auf. Wohlbehalten und ohne ernsten Zwischenfall. Mein Kopilot hat das Abenteuer genossen, aber ich bin froh, wieder eine Straße unter den Reifen zu haben – und wenn sie noch so schmal und holperig ist. »Reisemobilisten, falls ihr je nach Krienke kommt,« kann ich nur sagen, »dann macht schleunigst kehrt!«. Und auch sonst ist auf kleinen Landstraßen dieser Region Vorsicht geboten – sie können schlagartig in sandige Saharapisten übergehen!

Auch die »richtige Straße« von Babke bleibt uns nicht lange treu. Gleich am Dorfrand geht sie in eine »Betonka« über. Das ist die Sparversion einer Straße: zwei Betonstreifen im Achsabstand der Räder. Aber immerhin ein fester Untergrund. Durch faszinierendes Heideland – auf dem einst die russischen Panzer Schießübungen veranstalteten – geht es zurück zum Pagelsee, wo wir uns auf dem lauschigen Parkplatz am Badeufer einquartieren, das Kanu vom Dach holen und bis in den Sonnenuntergang hinein eine Runde um den See paddeln.

## Reethäuschen in Alt-Rehse und Wiekhäuschen in Neubrandenburg

Von Wildnisabenteuern im Wohnmobil habe ich vorerst genug, und da in der Nacht auch noch dicke Wolken aufgezogen sind, tuckern wir am nächsten

Morgen durch strömenden Regen den gleichen Weg, den wir gekommen sind, über Kratzeburg zurück zur Bundesstraße. Eine weitere Schleife soll uns über Penzlin nach Neubrandenburg und um den Tollensesee herum nach Neustrelitz führen. Hinter Penzlin, das für sein Burgmuseum mit Hexenkeller bekannt ist, zweigen wir nach Osten ab und erreichen über kleine Landsträßchen das malerisch am Westufer des Tollensesees gelegene Dörflein Alt-Rehse. Schattige Lindenalleen säumen die Dorfstraßen und 22 kleine Fachwerkhäuschen aus rotem Backstein und mit nostalgischen Reetdächern stehen im Grün der Gärten. Eins sieht aus wie das andere und allesamt scheinen auf direktem Weg einem Bilderbuch entsprungen zu sein. Wohl um sie überhaupt unterscheiden zu können, tragen die Häuser Namen: »Haus Leipzig, errichtet im 3. Jahr, Haus Bayern, errichtet im 4. Jahr« steht in die Querbalken eingeschnitzt. Man wundert sich über die Jahreszahl, denn zwei Jahrtausende alt sind die Häuser sicher nicht.

Des Rätsels Lösung bringt die – allerdings weniger romantisch-bilderbuchhafte – Geschichte Alt-Rehses. Gegründet und systematisch als deutsches Musterdorf angelegt wurde es 1935 vom Hartmann-Bund – nachdem man auf Befehl Bormanns und auf Grundlage des eigens dafür geschaffenen »Lex Alt-Rehse« die Vorbesitzerin enteignet hatte. Die Ärzteschaft jedes deutschen Gaus sollte »als Musterstück deutschen Bauens« ein Haus errichten lassen, und im alten Gutsschloß wurde die »Führerschule für Deutsche Ärzte« eingerichtet – als Kaderschmiede und Eliteschule des faschistischen Rassenwahns. Und da für die Nazis mit 1933 eine neue Zeitrechnung begann, war 1935 für sie eben das »3. Jahr«. Voilà!

Der Regen hat nachgelassen und die Sonne blitzt wieder hervor, als wir Neubrandenburg erreichen, und so können wir unseren Stadtmauerrundgang ohne Schirm unternehmen. Ein sehr empfehlenswerter Rundgang! Denn Neubrandenburg kann sich rühmen, die am besten erhaltene Stadtmauer Norddeutschlands zu besitzen. Während die davon eingeschlossene Altstadt am Ende des Zweiten Weltkriegs nahezu vollständig zerstört wurde, hat die fast kreisrunde, 2300 m lange und bis zu 7,50 m hohe Feldsteinmauer mit ihren vier Stadttoren das Kriegsinferno ohne größere Schäden überstanden. Besondere Schmuckstücke sind die 56 Wiekhäuser, kleine Fachwerkhäuschen, die wie Schwalbennester hoch oben in die Mauer hineingeklebt wurden. Sie dienten einst als Beobach-

*Haus Leipzig im Dorf Alt Rehse*

*Wiekhaus in der Stadtmauer von Neubrandenburg*

tungs- und Verteidigungsanlagen, von denen aus man Angreifer aus sicherer Deckung heraus beschießen konnte.

## Im Serrahner Waldgebiet: das Ende aller Wege?

Für uns geht es wieder südwärts über Burg Stargard und durch die einsam-romantische Seenlandschaft Serrahn-Wanzka zum Ostteil des Müritz Nationalparks. Er ist kleiner als der Westteil, aber mit seinen Sumpflandschaften, Kleinseen und dem riesigen Serrahner Waldgebiet genauso faszinierend. Für Fahrzeuge ist er komplett »off-limits« – die wenigen Anlieger ausgenommen. Nur von Norden her kommen wir auf einem bezaubernden Waldweg einige Kilometer weit bis zum Parkplatz am Beginn der Kernzone. Zu Fuß geht es weiter bis zur ehemaligen Försterei, in der heute eine Informationsstelle untergebracht ist. Zwei Lehrpfade führen von hier aus durch das streng geschützte Gebiet zu Aussichtstürmen und Plattformen, von denen aus man ohne zu stören die faszinierende Tierwelt beobachten kann.

In einem weiten Bogen, der uns durch die Außenbezirke von Neustrelitz führt, gelangen wir zu den Fürstenseer Seen im Südteil des Parks. Die Schlechtwetterfront ist inzwischen abgezogen, die Sonne strahlt wieder urlaubsmäßig vom wolkenlosen Himmel und in der bu-

*Mächtiger Turm der Burg Stargard*

*auschiger Stellplatz am Lutowsee bei Herzwolde*

kolisch Landschaft mit winzigen Weilern, Pflastersträßchen und Sandwegen fühlen wir uns in eine Zeit zurückversetzt, zu der die industrielle Revolution noch irgendwo in der Zukunft lag. An einem malerischen Badestrand am Südufer des Luttowsees gönnen wir uns unter schattigen Bäumen eine Kaffeepause und genießen die Stille der von Wäldern, Wiesen und Feldern gesäumten Wasserfläche.

Bei Wokuhl scheinen wir dann in eine Sackgasse geraten zu sein. Nach Norden erreichen wir Herzwolde, wo wir bereits das Gefühl haben, einen Fußweg oder den Bürgersteig entlang zu fahren, und gelangen noch ein Stückchen weiter bis Wutschendorf. Dann ist Endstation, da der Fahrweg zum nächsten Ort durch den Nationalpark führt. Wir versuchen es nach Osten in Richtung Hasselförde, stoßen aber am Waldrand auf ein Schild, das Fahrzeugen über 1,5 Tonnen die Weiterfahrt auf dem Sandweg nicht erlaubt. Hängenbleiben würden wir wohl nicht, aber wir wollen ja keinen Flurschaden anrichten. Also machen wir wieder kehrt – obwohl Kopilot Stef heftig protestiert, da er sich schon wider auf einen wilden Ritt über Waldwege gefreut hat. In Richtung Südosten scheint bis Neubrück alles problemlos, doch dann folgt ein ebenso reizvoller wie stellenweise höchst abenteuerlicher Sandweg durch endlose Wälder. Pulverweiche Sandlöcher und tief eingegrabene

*Sonnenaufgang über dem Domjüchsee bei Alt-Strelitz*

Reifenspuren. Selbst dei Traktoren sind hier streckenweise an den kritischen Stellen vorbei auf der abschüssigen Böschung gefahren, und nach unseren Erfahrungen vom Vortag ziehe ich es schließlich vor zu wenden.

*Auf abenteuerlichen Sandwegen durch die Wälder bei Wokuhl*

## Von der Residenzstadt Neustrelitz durch die Wald-Dome

Den Ausweg finden wir dann beim vierten Versuch nach Süden über Comthurey. Durch fantastische Blumenwiesen, Kiefernwälder und Felder voller Kornblumen führt uns das Sträßchen nach einigen Umwegen und Bogen schließlich auf die B96 über die wir zurück nach Neustrelitz gelangen. Nahe dem kleinen Hafen am Zierker See finden wir einen ruhigen und neu angelegten Parkplatz nur wenige Schritte vom Schloßpark entfernt und unternehmen einen kleinen Bummel. Neustrelitz ist eine recht junge Stadt. Als 1712 das Schloß der Herzöge von Mecklenburg-Strelitz im benachbarten (Alt-)Strelitz abbrannte und das Geld des zwergenhaften Reichs für einen Neubau nicht ausreichte, begnügten sie sich damit, das bereits vorhandene Jagdschlößchen Glienicke am Zierker See zur neuen Residenz auszubauen. Ab 1733 entstand so die kleine Barockstadt Neustrelitz. Die »Vossesche Zeitung« pries das Residenzstädtchen in den zwanziger Jahren als »die gute Stube von Mecklenburg, die strotzt vor Appetitlichkeit und den Eindruck macht, als wären ihre öffentlichen Anlagen mit gehäkelten Schutzdeckchen versehen«. Bei unserem ersten Besuch gleich nach dem Mauerfall hatte man vom repräsentativen Flair der Residenzstadt nicht viel gespürt. Damals war sie vor allem eine Garnisonsstadt der Roten Armee, umgeben von einem Ring sowjetischer Kasernenklötze, und über den Marktplatz

*Schloßpark Neustrelitz*

dröhnten die Kolonnen der Militärlastwagen sowie der gesamte Durchgangsverkehr.

Inzwischen ist die Armee abgerückt, die Militäranlagen wurden saniert oder abgerissen, und der Verkehr fließt jetzt auf neuen Umgehungsstraßen um die Stadt herum. Lohnend ist noch immer ein Bummel durch den idyllischen Schloßgarten am Zierker See. Das Residenzschloß wird man jedoch vergebens suchen – es wurde 1945 von der SS in Brand gesteckt und später völlig abgetragen. Aber sonst gibt es in der romantischen Gartenoase allerlei zu entdecken: zahlreiche Skulpturen und Wasserspiele, den ionischen Hebetempel und das Weiße Herrenhaus, den Louisentempel, den Marstall und die klassizistische Orangerie mit Restaurant und Café. Südlich des Parks erhebt sich die Schloßkirche, ein kleines neogotisches Gotteshaus mit zwölf schlanken Türmchen und einer reich gegliederten Fassade. Und dahinter beginnt der Tiergarten, der aus dem 1721 angelegten Wildgehege der Herzöge hervorgegangen ist.

Route
Abstecher
Park- und Rastplätze
Campingplatz
Museum
Sehenswürdigkeit
Schloß / Burg
Kloster
10 km
Neubrandenburg
Alt Schönau
Waren
Damerow
Klein Plasten
Möllenhagen
Penzlin
Tollense-see
Burg Stargard
Alt Rehse
Kölpinsee
Kargow
Federow
Ankershagen
Groß Vielen
Klink
Klein Vielen
Hohenzieritz
Speck
Specker See
Sietow
Müritz
Kratzeburg
Möllenbeck
Großer See
Pagelsee
Boek
Leizen
Röbel
Ludorf
Neustrelitz
Breiter Luzin
Jäthensee
Zierker See
Rechlin
Carpin
Lütten-hagen
Strelitz Alt
Serrahn
Feldberg
Userin
Roggentin
Großer Fürstensee
Carwitzer See
Fürstensee
Zwenzow
Großer Labussee
Wredenhagen
Freyenstein
Mirow
Wolkuhl
Carwitz
Thomsdorf
Thüren
Wesenberg
Comthurey
Sewekow
Rätz-see
Mössen-see
Godendorf
Haussee
Schwarz
Wustrow
Schwarzer See
Fleeth
Priepert
Lychen
Luhme
Canow
Fürstenberg
Flecken Zechlin
Himmelpfort
Zenssee
Stolpsee
Wittstock
Zechlinerhütte
Großer Stechlinsee
Densow
Templin
Dorf Zechlin
Bredereiche

## Strecke

Müritz NP Nord: Waren - Federow - Speck - Federow - Kargow - Klein Plasten (ca. 33 km)
Klein Plasten - Möllenhagen - Ankershagen - Groß Vielen - Klein Vielen - Abzweigung Kratzeburg (ca. 23 km)
Müritz NP Mitte: Abzweigung Kratzeburg - Pagelsee und zurück (ca. 26 km)
Tollensesee-Rundstrecke: Penzlin - Neubrandenburg - Burg Stargard - Carpin - Serrahn - Neustrelitz (ca. 75 km mit Abstechern)
Müritz NP Ostteil: Neustrelitz - Strelitz Alt - Fürstensee - Herzwolde - Wokuhl - Comthurey - Godendorf (ca. 23 km)
Müritz NP Süd: Godendorf - Neustrelitz - Userin - Zwenzow - Roggentin - Mirow - Rechlin - Boek - Mirow (ca. 110 km)

## Streckenlänge

Gesamtfahrstrecke ca. 290 km
Bitte beachten: Durch die vielen kleinen Sträßchen ohne Kilometerangaben sowie zahlreiche mögliche Abstecher und Varianten können die Streckenangaben hier nur als grobe Richtwerte dienen.

## Straßenzustand

Müritz NP Nord: schmale aber gute Teersträßchen durch faszinierende Landschaft.
Ankershagen bis Möllenhagen: gut ausgebaute B192, danach auf der Strecke über Ankershagen zur B193 teils schmale aber passable Teersträßchen mit streckenweise eng stehenden Alleebäumen.
Müritz NP Mitte: Von der Bundesstraße bis Kratzeburg noch passable Teerstraße; danach bis hinter Granzin sehr rauhe Pflasterstrecke und letztes Stück bis Pagelsee neues Teersträßchen. An der Badestelle am Pagelsee sollte man wenden - spätestens bei Krienke, denn dahinter folgen abenteuerliche Sandwege durch Wald und Heide, die für Reisemobile sicher nicht geeignet sind!
Tollensesee-Rundstrecke: gute Bundesstraßen und Landstraßen; einige Abstecher (z.B. nach Alt Rehse führen kurze Strecken über rauhes Pflaster).
Müritz NP Ostteil: Von der B198 bis zum Parkplatz Serrahn ca 2 km einspuriger Sandweg durch den Wald. Ab Strelitz Alt schmale, teils holperige Landsträßchen mit etwas Pflaster, aber passabel zu fahren. Achtung: Wenn man von der beschreibenen Route abweicht, kann man überall auf sandigen und teils sehr üblen Waldwegen landen!
Müritz NP Süd: Neustrelitz - Userin - Roggentin - Mirow: meist recht schmale Teersträßchen mit teils eng stehenden Bäumen, aber herrlichen Buchenwäldern (Alternative: B198 über Wesenberg).
Rechlin-Boek: schmale, kurvige Teerstraße, aber gut zu fahren.

## Information

**Fremdenverkehrsverband »Mecklenburgische Seenplatte«:** Turnplatz 1, 17207 Röbel, Tel. (039931) 51381, Fax 51386; Internet: http://www.Mecklenburgische-Seenplatte.de

**Müritz-Nationalpark:** An der Fasanerie 13, 17235 Neustrelitz, Tel. (03981) 45890, Fax 458950, e-mail: info@nationalpark-mueritz.de, Internet: www.nationalpark-mueritz.de

**Müritz-NP Ostteil:** An der Fasanerie 12, 17235 Neustrelitz, Tel. 03981/45890, Fax 458950

**Zweckverband der Müritz-Nationalpark Anliegergemeinden,** Woldegker Chaussee 35, 17235 Neustrelitz, Tel. (03981) 441500

**Fremdenverkehrsverein »Seenlandschaft Serrahn-Wanzka«:** Lindenstr. 24, 17237 Blankensee, Tel. (039826) 12315

**Neustrelitz:** Stadt-Information, Markt 1, 17235 Neustrelitz, Tel. (03981) 253119, Fax 205443

**Neubrandenburg:** Stadt-Information, Treptower Str. 1, 17019 Neubrandenburg, Tel. (0395) 19433, Fax 5822267; *Fremdenverkehrsverein:* Ringstr. 21, Tel./Fax 5442318

**Mirow:** Tourist-Information, Torhaus, 17252 Mirow, Tel. (039833) 20022, Fax 28002

## Campingplätze

**1 Neubrandenburg:** *Camping Gatsch Eck,* bei Neuendorf am Westufer des Tollensesees, Tel. (0395) 5665152 (mit Ver- und Entsorgung; geöffnet Mai–Okt.)

**2 Kratzeburg:** *Camping »Naturfreund«,* Tel./Fax (039822) 20285; Zufahrt östlich des Orts über schmalen Weg nach Süden (schön zwischen Wald und Seeufer gelegener Platz mit Ver- und Entsorgung, Fahrrad- und Bootsverleih; April–Okt.)

**3 Blankenförde:** *Zum Hexenwäldchen,* Am Weg zum Jamelsee, Tel./Fax (039829) 20215 (kleinerer, sehr schön und abgeschieden am See gelegener Platz mit Badestrand und Streichelzoo; 01.04.–30.10.

**4 Groß Quassow/ Userin:** *Camping- und Ferienpark Havelberge,* Haveltourist GmbH, Tel. (03981) 24790, Fax 247999, e-mail: 0437159000@t-online.de (sehr schön am bewaldeten Seeufer bei der Haveleinmündung gelegener, gut ausgestatteter Platz mit Badeufer, Ver- und Entsorgung, Fahrrad- und Bootsverleih; schmale Zufahrt; 01.03.–31.10.)

**5 Zwenzow:** *FKK-Camping am Useriner See,* Haveltourist GmbH, Tel. (03981) 24790, Fax 247999, e-mail: 0437159000@t-online.de (sehr schön am bewaldeten Seeufer gelegener, etwas einfacherer Platz mit Bootsverleih; Hundeverbot; Zufahrt über schmalen Waldweg; 01.04.–03.10.)

**6 Mirow:** *Camping Mirower Holm,* Tel. (0172) 3217602 (kleiner, lauschiger, einfach ausgestatteter Platz auf einer bewaldeten Landzun-

ge; keine Ver- und Entsorgung; Mitte April–Mitte Okt.)
**7 Mirow:** *Lahntours Campingplatz,* Retzower Str. 2, Tel. (039833) 22098, Fax 20345, e-mail: Lahntours-Reisen@t-online.de (kleinerer, einfacher ausgestatteter Platz in schöner Lage am bewaldeten Ufer des Mirower Sees; einfache Zufahrt über B198; 01.04.–31.10.)
**8 Rechlin:** *Camping Bolter Ufer,* Neuer Markt 9, 17248 Rechlin, Tel. (039823) 21261, Fax 21267 (schön am bewaldeten Ufer gelegener Platz mit Ver- und Entsorgung, Imbiß, Laden und Bungalows; April–Okt.)
**9 Boek:** *Camping Boek,* Tel. (039823) 21807 (am Müritzufer gelegener Platz mit Ver- und Entsorgung, Fahrradverleih, Laden und Imbiß; April–Okt.)

## Park-, Rast- und Stellplätze

**1 Federow:** schön und relativ ruhig gelegener, ebener Teerparkplatz mit Streichelzoo bei der NP-Station, 24-Stunden parken erlaubt; allerdings zeitweise strenger Silogeruch von der nahen Landwirtschaft
**2 Speck:** sehr schön und ruhig gelegener Wiesenplatz am Ende der Straße beim südlichen Ortsrand (bei der Gabelung rechts abbiegen) mit Blick auf Wiesen und Wald; kurzer Weg zum Badeufer am Hofsee
**3 Ankershagen:** relativ ruhiger, von Bäumen gesäumter Parkplatz links (nördl.) der Straße nicht weit von Kirche und Schliemann-Museum
**4 Neustrelitz:** ganz neu angelegter, schöner und ruhiger gepflasterter Parkplatz nahe dem Hafen am Zierker See und nicht weit vom Schloßpark (vom Markt Zierker Str. hangabwärts, dann links in Semmelweisstr.)
**5 Kratzeburg:** östlich des Orts links (südl.) der Straße herrlich und sehr ruhig gelegener Waldparkplatz auf Sandgrund; erste Parkmöglichkeit nahe der Straße, ein schmaler aber gut fahrbarer Waldweg führt weiter zum eigentlichen Parkplatz mit Picknicktisch und Ausblick; weiterer P am Käbelicksee
**6 Pagelsee:** traumhaft gelegener, kleiner Parkplatz im Wald am breiten Sandstrand; straßennah, aber sehr wenig Verkehr; Zufahrt Kratzeburg-Granzin rauhe Pflasterstraße, danach neuer Teerweg
**7 Neubrandenburg:** *Wohnmobilstellplatz* Augustabad, Lindenstraße, Tel. 0395/5442318; nahe dem Tollensesee (von der B96 in Richtung Neustrelitz nahe Stadtende rechts abbiegen, beschildert); der zwischen einer Lagerhalle und dem Waldrand gelegene Grasplatz für 10 Mobile ist nicht besonders schön, aber gebührenfrei (max. 4 Nächte) ruhig und eben; Wasser, Strom und Beleuchtung sind vorhanden, und nur wenige Schritte entfernt liegt ein großer Spiel- und Picknickplatz mit Liegewiese, Gartenrestaurant etc. direkt am Seeufer; Sanistation »3 in 1« kurz vor Erreichen des Stellplatzes rechts bei Gaststätte
**8Burg Stargard:** Wohnmobil-Stellplatz auf dem Parkplatz am Tiergarten ohne Ver-/Entsorgung; eine Sani-Station findet man bei der Tankstelle an der Bahnhofsstraße

**9 Serrahn:** absolut ruhig mitten im Wald am Eingang zum NP gelegener Parkplatz am Weg zur NP-Information; Zufahrt knapp 2 km auf schmalem, unbefestigtem Waldweg, beschilderte Abzweigung von B198 bei Zinow (ein erster ganz netter Parkplatz liegt schon am Waldrand nahe der Abzweigung)
**10 Domjüch See:** von Strelitz Alt in Richtung Fürstensee links der Straße großer Wiesenparkplatz direkt am Ufer mit schönem Seeblick; außerdem hinter Fürstensee rechts Parkplatz am Wald gegenüber von Badeufer)
**11 Lutowsee:** kleiner, sehr ruhiger und traumhaft zwischen Wald und Badeufer gelegener Grasplatz am Südwestufer (von Wokuhl nach Norden in Richtung Herzwolde, nächste links und kurz nach Beginn des Waldes rechts)
**12 Zwenzow:** westlich des Orts sehr schöner großer Wiesenparkplatz, gesäumt von herrlichem Buchenwald und nicht weit vom Badeufer, ideal für Spaziergänge und Radtouren durch die Wälder des Nationalparks
**13 Boeker Mühle:** rechts der Straße großer Wiesenparkplatz am Rande der Fischteiche
**14 Boek:** Im Ort großer, neu angelegter und recht ruhiger Pflasterparkplatz, nördl. des Orts am Ende der öffentl. Straße kleiner unbefestiger Waldparkplatz

## Sehenswert

**Neustrelitz:** historische Innenstadt, Schloßgarten, Schloßkirche, Orangerie, Tiergarten
**Alt Rehse:** Ortsbild
**Neubrandenburg:** Stadtmauer mit Wiekhäusern und Toren
**Burg Stargard:** Burg mit 38 m hohem Burgfried und Heimatstube
**Hohenzieritz:** Barockschloß mit Park und Rundkirche
**Mirow:** Schloß und Schloßkirche

## Museen

**Ankershagen:** *Heinrich-Schliemann-Museum*, Dorfstr. 34, Tel. (039921) 252 (Mai–Sept. Di–So 10–17 Uhr, sonst Di–Fr 10–16 Uhr, Sa/So 13–16 Uhr; Führungen auf Anfrage)
**Neustrelitz:** *Stadtmuseum*, Schloßstr. 3, Tel. (03981) 205874 (Geschichte der Stadt und des Herzogtums; Mai–Sept. Mo–Fr 10–12.20 und 13–16 Uhr, Sa 10–13 Uhr; sonst Mo–Fr 10–12.20 und 13–16 Uhr, So 14–17 Uhr);
*Müritz-NP-Zentrum*, Am Tiergarten (Ausstellung »Landschaft im Wandel«; tägl. 10–17 Uhr)
**Neubrandenburg:** *Ausstellung Ur- und Frühgeschichte*, im Treptower Tor, Tel. (0395) 5822906 (Di–Fr 9–17.30 Uhr, Sa/So 13–17.30 Uhr);
*Regionalmuseum*, Fr.-Engels-Ring 7, Tel.(0395) 5826557 (Di–Fr 9–17.30 Uhr, Sa/So 13–17.30 Uhr)

**Hohenzieritz:** *Dorfmuseum Alte Schmiede,* Hauptstraße, Tel. (039824) 20513 (gegenüber bei Linke klingeln)
**Penzlin:** *Museum Alte Burg,* Tel.(03962) 210494 (interessantes Burgmuseum mit Folterkammer im »Hexenkeller«; Mai–Okt. Di–Fr 9–17 Uhr, Sa/So 9–12 und 13–17 Uhr, sonst Mi–Sa 9–12 und 13–16 Uhr)

## Restaurant-Tips

**Neubrandenburg:** *»Mudder-Schulten-Stuben«* 4. Ringstraße, Tel. (0395) 5823766 (Traditionsrestaurant mit gutbürgerlicher Küche)
**Groß Nemerow:** *»Restaurant Bornmühle«,* Bornmühle 35, Tel. (039605) 600 (gemütliches Restaurant im Backsteinbau 10 Autominuten südlich von Neubrandenburg; Spezialitäten sind Wild- und Fischgerichte frisch aus den Wäldern und Seen der Umgebung, wie Rehkeule, Rehterrine, Welsfilet, Zanderfilet und Mecklenburger Bauernente)
**Fürstensee:** *»Zur Goldenen Wiege«,* Lindenstraße 7, Tel. (039825) 20013 (Okt.-Mai 12–22 Uhr, Mo Ruhetag, sonst tägl. 11–23 Uhr; schmuckes Restaurant im alten Dorfkern mit Terrasse, Biergarten und deftigen mecklenburger Gerichten wie Klopfschinken, Schweinefilet mit Backobstsauce oder Birnen, Bohnen und Speck sowie Spezialitäten aus frischem Fisch)

## Kunst erleben

**Kunstring im Müritz Nationalpark**
Nicht nur Naturliebhaber, Paddler, Fuß- und Radwanderer finden im Müritz Nationalpark was ihr Herz begehrt, sondern auch Kunstfreunde kommen hier auf ihre Kosten. Auf Initiative des Fördervereins begannen 1992 internationale Künstler mit Arbeiten am sogenannten »Kunstring«. Ihre stets aus Naturmaterialien geschaffenen Werke, die sich wie ein Ring um den gesamten Parkbereich verteilen, sollen die Verbindung von Kunst und Natur deutlich werden lassen und die Verletzlichkeit der Landschaft aufzeigen. Kunstwerke, nicht für die Ewigkeit geschaffen, sondern vergänglich wie alles auf der Erde. Bei jährlich stattfindenden Symposien kommen immer neue Werke dazu, während ältere unter der Einwirkung von Sonne, Wind und Regen allmählich ausbleichen, vermodern und zerfallen und so dem Kreislauf der Natur wieder zugeführt werden. Ein bei den verschiedenen Info-Stationen erhältliches Faltblatt zeigt anhand einer Karte die genaue Lage der einzelnen Objekte, stellt die jeweiligen Künstler vor und erläutert kurz die Ideen, die jedem Werk zugrunde liegen. So kann man auf einer Rundwanderung oder Radtour Natur- und Kunstgenuß kombinieren.
**Information:** *Müritz-Nationalpark,* An der Fasanerie 13, 17235 Neustrelitz, Tel. (03981) 45890, Fax 458950, e-mail: info@nationalpark-mueritz.de, Internet: www.nationalpark-mueritz.de

# RHEINSBERGER SEEN + FELDBERG-LYCHENER GEWÄSSER

## Schwarz – Rheinsberg – Flecken Zechlin – Fürstenberg – Himmelpfort – Lychen – Feldberg

*Zeitreise durch das Seenlabyrinth von Rheinsberg, und durch das Naturparadies der Havellandschaft. »Radtour« über den Großen Lychensee, Fahrräder auf Schienen und Kanutour durch dschungelhafte Sumpfwälder.*

Boek war eine Sackgasse. Daher müssen wir zunächst auf dem gleichen Weg zurück, den wir gekommen sind. Wieder einmal! Aber so reizvoll wie diese Sträßchen sind, fahren wir sie gerne zweimal. Kurz vor Mirow verlassen wir die Bundesstraße, überqueren den Müritz-Havel-Kanal und fahren in Richtung Schwarz. Mit der Bundesstraße scheinen wir auch das zwanzigste Jahrhundert hinter uns gelassen zu haben und finden uns schlagartig in die Vergangenheit zurückversetzt. Nur einige hübsch in die Seenlandschaft eingefügte Campingplätze und vereinzelte Autos anstelle von Pferdefuhrwerken erinnern an die Gegenwart.

## Auf idyllischen Landstraßen durch das Seenlabyrinth

Auf gewundenen Sträßchen geht es zwischen Wald und Wasser um den Schwarzer See und den Vilzsee herum nach Diemitz, Fleeth und Canow. Kaum zu fassen, daß es im heutigen Deutschland noch solch ursprüngliche Landschaften und Dörfchen geben soll. Hinter der Diemitzer Schleuse geht das Teersträßchen wieder einmal in einen sandigen aber problemlos fahrbaren Waldweg über – und wieder einmal beschleicht mich das unangenehme Gefühl, hier eigentlich mit einem Motorfahrzeug nichts verloren zu haben. Aber diese Waldwege sind hier nun einmal reguläre Verbindungsstraßen und die einzige Möglichkeit, von einer Ortschaft zur nächsten zu gelangen, auch wenn sie nicht asphaltiert sind und wie Holzabfuhrwege aussehen.

Als wir von Canow auf der Deutschen Alleenstraße südwärts nach Zechlinerhütte tuckern, überqueren wir irgendwo im Wald die Landesgrenze nach Brandenburg. Die »Mecklenburger Seenplatte«

*Parkplatz an der Canower Schleuse*

Am Kanal bei Zechlinerhütte

Hausboot bei der Canower Schleuse

im engeren Sinne ist dies also nicht mehr - und wer sie doch so nennt, der wird sich unter den Brandenburgern sicher keine Freunde machen. Aber das Seenparadies kennt keine Landesgrenze, und so wollen auch wir uns dadurch nicht aufhalten lassen. Jetzt ist es ja nur ein kleiner Abstecher, aber in den nächsten Tagen werden wir über Fürstenberg, Lychen und Templin noch viel

## Wegener-Gedenkstätte, Zechlinerhütte

*Die Ortschaft Zechlinerhütte ist 1736 durch den Bau einer Glashütte, der sogenannten »Weißen Hütte« entstanden. Bis 1890 wurden dort wertvolle geschliffene Gläser hergestellt. Das ehemalige Herrenhaus der Glashütte erwarb später die Familie Wegener aus Berlin. Ihr wohl berühmtester Sproß war der Geophysiker, Meteorologe und Grönlandforscher Alfred Wegener (1880–1930). Bekannt wurde Alfred Wegener besonders durch seine Expeditionen über das Inlandeis von Grönland und durch die von ihm postulierte und heute allgemein anerkannte Kontinentalverschiebungstheorie, der zufolge die heutigen Erdteile durch das Auseinanderbrechen des Urkontinents Pangäa entstanden sind und noch immer auseinander driften. Er starb als Leiter seiner dritten Grönlandexpedition auf dem Rückmarsch von der Station »Eismitte«.*

*In den Räumen des Gemeindezentrums von Zechlinerhütte erhinnert heute eine Ausstellung mit Videovorführungen an das Leben und Werk Alfred Wegeners.*

***Information:***

*Fremdenverkehrsverein, 16831 Zechlinerhütte, Rheinsberger Straße, Tel. (033921) 217*

tiefer ins Brandenburgische hinein gelangen.

Und selbst wenn man sich an solch willkürliche Linien wie Landesgrenzen halten wollte, wie könnte man das romantische Rheinsberg einfach ignorieren nur weil es einige Kilometer südlich von Mecklenburg liegt?! Bekannt wurde die Dreiflügelanlage mit mächtigen Rundtürmen durch den 1912 veröffentlichten Tucholsky-Roman »Rheinsberg – ein Bilderbuch für Verliebte«. Auf den Spuren seiner Romanfiguren Claire und Wolfgang bummeln wir durch den weitläufigen Schloßpark am Ufer des Grienericksees, über dessen blanke Fläche man einen bezaubernden Blick auf das Schloß und dessen Spiegelbild genießt.

*Schloß Rheinsberg*

Auf dem großen und außerhalb der Saison sehr ruhigen Schloßparkplatz könnten wir eigentlich für die Nacht bleiben, denn die Sonne steht schon tief. Aber die traumhafte Abendstimmung und das faszinierende Licht locken uns weiter. Es läßt die Kiefernstämme rot erglühen und die Seen noch blanker erscheinen, während wir das stille Sträßchen zum Flecken Zechlin nach Norden schnurren. Wälder, Schilfufer und offene Wiesenflächen gleiten langsam vorüber. Man hat das Gefühl, förmlich durch die Landschaft zu segeln. Ein leichtes, schwebendes Gefühl, das eine stille Euphorie auslöst. Ich lausche dem Vogelgezwitscher, das durchs offene Fenster dringt, und wünsche mir, stundenlang so dahinzurollen. Im gemütlichen Tempo die weiten Kurven ziehen, endlos, zeitlos, ungebunden – und ganz in der vorüberziehenden Landschaft aufzugehen. Das ist Reisemobil-Leben »at it's best«!

Einige Kilometer hinter dem reizvollen Flecken Zechlin, der aussieht wie ein Musterbeispiel für »Unser Dorf soll schöner werden«, ist es mit dem Dahinschweben allerdings vorerst vorbei. Das Landsträßchen geht bald in einen Waldweg über, der gerade so breit wie unser Fahrzeug ist. Wer mit einem größeren Mobil reist und von solchen Geländeabenteuern nichts hält, der sollte in Flecken Zechlin besser kehrt machen und über Rheinsberg wieder zurückfahren oder zumindest ab Luhme das Sträßchen nach Zechlinerhütte probieren. Andererseits führt die Strecke über Grünplan

*Glühend rot im Licht der Abendsonne: die Kirche von Wustrow*

durch eine wahrhaft paradiesische Landschaft – nur auf dem kurzen Abschnitt hinter Grünplan sollte man besser doch zum Himmel flehen, daß kein Fahrzeug entgegenkommt!

Dann sind wir wieder auf der Alleenstraße und tuckern über Canow weiter in Richtung Osten. Die Wiesen und Waldränder erglühen im letzten Licht der versinkenden Sonne und die spiegelblanken Seen reflektieren den roten Abendhimmel.

»Da, schau dir nur das an!«, ruft mein Kopilot plötzlich und zeigt mit ausgestrecktem Arm durch die Panoramascheibe. Ich halte an und staune. Auf einem grünen Wiesenhügel und umgeben von alten, efeuüberwucherten Bäumen steht das kleine Kirchlein von Wustrow – und die letzten Sonnenstrahlen lassen es leuchtend rot aufglimmen als hätten sie die Backsteine zum Glühen gebracht. Nur Minuten dauert das feurige Farbenspiel, dann ist die Sonne versunken und das Flammen erloschen.

Über die kleinen Schleusorte Strasen und Priepert erreichen wir in der hereinbrechenden Dunkelheit den einsam gelegenen Wangnitzsee, an dessen Badeufer ein Waldparkplatz zum Übernachten einlädt. Umbauen ist bei unserem luxuriösen »Star Line« nicht nötig, da er ein festes Heckbett besitzt, und so

*Abendliche Idylle am Giesnschlagsee bei Luhme*

können wir in aller Ruhe die Abendstimmung am See genießen. Während Stef das einsame Ufer erkundet, gönne ich mir ein gemütliches Feierabend-Bierchen und lausche dem vereinten Konzert der Vögel, Frösche und Grillen. Erst als die Sterne funkeln und ein dicker Vollmond über See und Wälder gekrochen kommt, ziehen wir uns – etwas von den Mücken zerstochen – in unsere schützende Burg zurück, wo wir uns müde in die Federn fallen lassen.

## Naturpark Feldberg-Lychener Seenlandschaft

»Stef, es gibt Frühstück!«, wecke ich den Sohnemann zeitig am nächsten Morgen.

»Cool,« antwortet er, noch ehe er die Augen offen hat. »Cool! Können wir gleich weiterfahren?!«. Er ist der ideale Begleiter für Rechercheреisen, denn das Autofahren ist sein großes Hobby. Davon bekommt er nie genug. Nur die zahllosen Fotostops gehen ihm manchmal auf die Nerven. Aber er weiß sich zu beschäftigen: setzt sich einfach hinter's Lenkrad und stellt sich vor, er fahre selbst.

Beim Bahnhof Düsterförde stoßen wir wieder auf die B96, der wir aber nur ein paar Kilometer weit in Richtung Fürstenberg folgen. Das von der Havel durchflossene Städtchen, dessen historischer Kern sich über drei Inseln verteilt, gehörte bis 1950 zu Mecklenburg – seither zu Brandenburg. Und durch Brandenburg wird die weitere Route überwiegend führen, denn vor uns liegt der Naturpark Feldberg-Lychener Seenlandschaft, mit 1.100 km$^2$ das größte Schutzgebiet im Binnenland. Er erstreckt sich im Bereich zwischen Neustrelitz, Fürstenberg, Templin, Boitzenburg und Woldegk, umfaßt 29 ausgewiesene Naturschutzgebiete und liegt zu rund zwei Dritteln auf Brandenburger Gebiet. Seine von Gletschern modellierte Landschaft zeigt besonders im Feldberger Raum ein höchst abwechslungsreiches Gesicht mit ungewöhnlicher Formenvielfalt. Hier stießen vor rund 16.000 Jahren zwei Gletscherzungen im rechten Winkel aufeinander und hinterließen riesige Mengen an Felsblöcken, Sand, Geröll und Mergel. Auf kleinstem Raum kann man bei Feldberg nahezu alle eiszeitlichen Landschaftsformen beobachten: Flächenseen mit Landzungen und verwinkelten Buchten, Rinnenseen mit steilen Ufern, Kesselseen und zahlreiche kleinere, teilweise bereits zu Sumpfebenen verlandete Gewässer. Etwa die Hälfte der Parkfläche ist bewaldet – mit herrlichen Perlgras-Buchenwäldern auf den Moränenhügeln, weiten Kiefernwäldern auf den ausgedehnten Sandergebieten und urigen Erlen-Bruchwäldern in moorigen Senken und entlang vieler Wasserläufe.

Gleich am Ortseingang von Fürstenberg biegen wir wieder nach Osten ab und steuern vorüber an der Mahn- und Gedenkstätte Ravensbrück durch ein großes Waldgebiet in Richtung Lychen. Einen kurzen Abstecher wollen wir nach Himmelpfort unternehmen – aber er soll länger werden als erwartet. Die Ruine des 1299 gestifteten Zisterzienserklosters

Himmelpfort schmiegt sich von Efeu umrankt malerisch in die grüne Landschaft zwischen vier Seen. Eine Attraktion ganz besonderer Art bietet das düstere Grabgewölbe unter der Klosterkirche: sieben schrumpelige, aber unverweste Lei-

## Zeugen der Eiszeit

*Eiszeiten mit weiträumigen Vergletscherungen hat es bereits in frühen Epochen der Erdgeschichte gegeben, als* **die** *Eiszeit im engeren Sinne bezeichnet man jedoch nur das jüngere Eiszeitalter vor etwa 800.000 bis 20.000 Jahren. Es umfaßte vier Kaltzeiten, in denen die Durchschnittstemperatur um etwa 8–12 °C niedriger war als heute. Während der letzten Kaltzeit, die in Norddeutschland die »Weichsel-Eiszeit« genannt wird, drangen die Gletscher aus Skandinavien nach Süden vor und bedeckten das heutige Mecklenburg und Nordbrandenburg mit einem bis zu 1000 m dicken Eispanzer. Wie überdimensionale Bulldozer transportierten sie bis zu 1600 Tonnen schwere Felsblöcke (Findlinge) und gigantische Geröllmassen, die – in unterschiedlicher Form abgelagert – die heutige Landschaft prägen. Am Rande der Eismassen bildeten sich Endmoränen aus Material, das der Gletscher vor sich herschob. Da die Gletscher wechselweise vorrückten und sich wieder zurückzogen, liegen diese Endmoränen oft als girlandenförmige Staffeln hintereinander. Beim Abschmelzen des Eises behinderten sie das Abfließen des Wassers und es entstanden Endmoränen-Stauseen wie die Müritz. Daß die Endmoränen meist bogenförmig verlaufen, liegt daran, daß die Gletscher selten in breiter Front vorrückten, sondern mit einzelnen Zungen.*

*Die heutige Endmoränen-Landschaft gliedert sich in zwei Zonen: die innere mit den regellos kuppigen Jungmoränen der letzten Vergletscherung, zwischen denen zahlreiche Seen liegen, und eine äußere Zone mit teilweise wieder eingeebneten Altmoränen, in denen man keine Seen findet. »Grundmoränen« bestehen aus Geröll, das »auf dem Rücken« der Gletscher transportiert wurde und nach deren Rückgang eine wellige Hügellandschaft mit zahlreichen kleinen Seen bildete. Aus Moränenmaterial bestehen auch die als »Drumlins« bezeichneten Rundhöcker, die meist massenweise auftreten und über 3000 Hügelchen von 5–50 m Höhe umfassen können. Sie sind durch den Eisdruck aus bereits abgelagerten Moränen modelliert worden. »Oser« sind langgestreckte schmale Kiesrücken, die an Bahndämme erinnern und sich über mehr als 20 km erstrecken können. Sie sind vermutlich dadurch entstanden, daß sich Geröll in den Spalten »toten« (sich nicht mehr bewegenden) Eises abgelagert hat. Als »Sander« bezeichnet man die ausgedehnten Sandablagerungen im Vorfeld der Gletscher, die heute Sandfelder und richtige Dünenlandschaften bilden können. Besonders auffällig sind die »Sölle«, rundliche Vertiefungen von bis zu 25 m Durchmesser, die oft die ganze Landschaft durchsetzen. Alle diese eiszeitlichen Landschaftsformen lassen sich in Mecklenburg und Nordbrandenburg oft auf engstem Raum beobachten und verleihen dem Land sein abwechslungsreiches Gepräge.*

*Von Efeu überwuchert: die Klosterruine Himmelpfort*

chen aus der ersten Hälfte des 18. Jahrhunderts, von denen zwei durch ein Glasfenster in den Särgen zu sehen sind. Diese natürlichen Mumien teilen das Schicksal des Ritters Kahlbutz in Kampehl bei Neustadt, westlich von Neuruppin, der angeblich aufgrund eines Meineids keine ewige Ruhe findet und heute als »biologisches Rätsel« zur Schau gestellt wird.

## Naturparadies und Museumspark in der Tonstichlandschaft

Anstatt wie vorgesehen gleich wieder in Richtung Lychen zu schwenken, lassen wir uns von der herrlichen Landschaft und reizvollen Landsträßchen weiter nach Süden locken – und immer tiefer ins Brandenburgische hinein. Über Bredereiche und Marienthal erreichen wir Burgwall am Rande der Schorfheide. In der gemütlichen Gartenwirtschaft des Gasthofs »Zur Fähre« machen wir Mittagspause direkt am stillen Wasser der Havel und beobachten dabei den lebhaften Verkehr der Sport-, Ausflugs- und Hausboote. Paddler und Freizeitkapitäne legen direkt vor dem lasuchigen Gartenlokal an, um sich im Schatten der Bäume ein kühles Bier oder einen Kaffee schmecken zu lassen und Erfahrungen auszutauschen.

Die freundliche Wirtin erzählt uns vom Ziegeleipark Mildenberg, den wir uns keinesfalls entgehen lassen sollen. Er ist die größte Museumsanlage der Region, und das Schienennetz seiner Schmalspurbahn führt bis hier herauf zu den Tongruben von Burgwall. Also beschließen wir, noch ein Stück weiter südwärts zu fahren. Und es lohnt sich! Auf dem riesigen Gelände der 1887 gegründeten und einst größten Ziegelei Europas ist seit 1994 ein Museumspark mit vielfältigen Attraktionen und Freizeitangeboten entstanden: mit eigenem Hafen, Hausboot- und Kanuvermietung, Museum, Gaststätte, Biergarten, Dampfmaschine, historischen Werk-

*Lauschiges Plätzchen an der Havel: Gasthof »Zur Fähre« in Burgwall*

*Blick auf die Havel vom Gasthof »Zur Fähre«*

stätten und Ringöfen, Spiel-, Grill- und Picknickplätzen und faszinierenden Rundfahrten auf dem Schmalspurnetz der Tonlorenbahn. Sogar ein Campingplatz in reizvoller Lage am Wasser ist da. Und die Tonstichlandschaft, in der sich über 50 Teiche und Tümpel in den ehemaligen Tongruben wie eine Perlenkette aneinanderreihen, hat sich seit der Stillegung in ein Naturparadies mit seltener Flora und Fauna verwandelt. Rohrdommel und Drosselrohrsänger, Biber, Fischotter und Tausende von Zugvögeln haben hier ein Refugium gefunden. Schade, daß wir nicht länger Zeit haben – hier könnte man mühelos einen ganzen Tag oder länger zubringen. Aber wir müssen weiter.

Durch die reizvolle Tonstichlandschaft geht es wieder nordwärts, über stille Kanäle und durch Schilfwälder, während mein Kopilot mit dem Fernglas nach Adlern, Reihern und Störchen Ausschau hält. Die Sonne steht schon tief, als wir wieder zurück auf der planmäßigen Route sind und den Ferienort Lychen erreichen. Das als »märkisches Interlaken« bezeichnete Städtchen liegt malerisch mitten im Herzen des Naturparks Feldberger-Lychener Seen und im Schnittpunkt eines Seenkreuzes aus sieben weiten Wasserflächen. Egal, in welche Richtung man geht, überall stößt man auf Seen gesäumt, von Schilf und wildrei-

*Als Lokführer im Ziegeleipark Mildenberg*

*Auf kleinen Sträßchen geht es über malerische Kanäle*

chen Wäldern. Lychen ist daher ein idealer Ausgangspunkt für Exkursionen zu Fuß, per Fahrrad und mit dem Boot.

Den Abend verbringen wir im gemütlichen und von rankenden Pflanzen eingewachsenen Bierhof der Gaststätte »Am Stadttor« beim Bier (Limo für den Kopiloten) und einem exquisiten Hirschsaftbraten frisch aus den Wäldern der Umgebung. Wie der Zufall es will, lernen wir dabei Marcus Thum kennen, der vor einigen Jahren die Bootsvermietung »Treibholz« gegründet hat und auf den Gewässern des Naturparks auch geführte Touren organisiert. Im Gespräch stellt sich heraus, daß sein Bruder Christoph bei der Naturwacht arbeitet und mich bei der Aktualisierung meines Paddelführers über die Region mit wertvollen Tips und Informationen unterstützt hat. Wie das Leben so spielt.

## Nacht im Schloßpark und Radtour über den See

Eigentlich wollten wir auf dem hübsch an einem waldigen Hang über dem Wasser gelegenen Campingplatz am Wurlsee übernachten, den ich von einer früheren Fahrt kenne, aber dazu ist es über Bier und Schnack bereits etwas spät geworden. So lädt Marcus uns ein, auf dem Grundstück seiner Vermietstation direkt am Lychensee zu übernachten. Es ist nicht eigentlich »sein« Grundstück, sondern nur gepachtet, aber dafür auch nicht einfach ein »Grundstück«, sondern ein fantastischer alter Schloßpark und so groß, daß man fast Treibjagden darin veranstalten könnte. Kaum haben wir uns zwischen den Uferbäumen einquartiert, da bricht ein mächtiges Gewitter los. Eine ganze Weile liegen wir noch wach und genießen von unserer behaglichen Stube aus den Panoramablick über den See, der von den Blitzen in ein gespenstisch fahles Licht getaucht wird, dann schlummern wir beim beruhigenden Rauschen des Regens und der Parkbäume ein – und werden am nächsten Morgen vom lauten Gezwitscher der Vögel geweckt.

Beim Frühstück lädt Marcus uns ein, auf seinen Hydro-Bikes, die er als einer der ersten in Deutschland importiert und vermietet, eine Proberunde über den See zu radeln. Als passionierter Ka-

*Gemütlicher Abend im Bierhof der Gaststätte »Am Stadttor«*

nute bin ich zunächst recht skeptisch, da ich eine Art plumper Tretboote erwarte. Aber Irrtum! Diese Hydro-Bikes sind wirklich eine famose Sache und alles andere als plump. Ein ganz normaler Fahrradrahmen ist katamaranartig auf zwei schlanke Schwimmer montiert und dadurch absolut kentersicher. Über die Pedale treibt man eine Schiffsschraube an, der Lenker ist mit einem Steuerruder verbunden, und durch Rückwärtstreten kann man abbremsen oder sogar rückwärts fahren. Diese Hydro-Bikes sind nicht nur ideale Familiengefährte, eine Mordsgaudi für Gruppentouren und eine Herausforderung für sportlich ambitionierte Radler, sondern auch eine exzellente Basis für Naturbeobachtungen, Fotografen und Angler.

Über die Wellen des vom nächtlichen Gewitter aufgewühlten Sees schaukeln wir dahin und strampeln eine runde um die Insel. Donnerwetter! Die Dinger sind wirklich schnittig. »Die speziell entwickelte Schraube setzt die Kraft

*Abendstimmung auf dem Campingplatz am Wurlsee*

*Verträumter Moorsee bei Lüttenhagen*

optimal um,« erklärt Marcus, »so daß man mit Beinkraft mühelos selbst sportliche Kanuten überholen kann«.

Er bietet uns an, eine längere Fahrt quer über den See und in die Woblitz zu unternehmen, an deren Ufer wir die Naturschutzstation besuchen könnten. Schön wär's, aber leider müssen wir weiter. In Feldberg sind wir mit Schorsch und »Killertomate« Andrea verabredet, zwei Freunden, die ich von einer Kanutour auf dem kanadischen Big Salmon River kenne. Gemeinsam wollen wir einige Tage durch die Wasserwelt der Feldberg-Lychener Seen paddeln. Lange genug haben wir die Canadier nur auf dem Dach spazierengefahren und sie nur hie und da für eine abendliche Runde auf dem See herunter geholt. Jetzt sollen sie ein Wochenende lang unser Transportmittel sein.

So muß leider auch die geplante Draisinefahrt flachfallen, die man seit einigen Jahren auf der stillgelegten, 30 km langen Bahnstrecke durch die herrliche Wald- und Seenlandschaft zwischen Fürstenberg, Lychen und Templin unternehmen kann. Schade drum – aber vielleicht das nächste mal. Weiter geht's nach Feldberg! Einen Zwischenstop können wir uns allerdings nicht versagen: Kurz vor Lüttenhagen stellen wir unser Fahrzeug auf dem Waldparkplatz beim Forstbotanischen Garten ab. Ein Spaziergang an einer traditionellen Köhlerhütte vorbei führt uns zum Naturschutzgebiet »Heilige Hallen« mit dem ältesten Buchenurwald Deutschlands, in dem diese Bäume ihre natürliche Altersgrenze erreichen. Der unberührte

*Historischer Gasthof »Altes Zollhaus« mit Wikingerboot am Schmalen Luzin*

Wald mit jahrhundertealten Baumriesen zeigt, wie die Urwälder aussahen, die einst die ganze Region bedeckten. Ihre mächtigen Kronen bilden tatsächlich grüne Dome und Hallen, in denen eine ehrfurchtgebietende, fast feierliche Atmosphäre herrscht. In den Lücken um die gestürzten und langsam zerfallenden Methusalems sprießen neue Baumgenerationen empor, und die artenreiche Kraut- und Moosflora auf dem lichtdurchfluteten Waldboden bietet idealen Lebensraum für zahlreiche seltene Tierarten.

Als wir auf dem als Treffpunkt vereinbarten Campingplatz bei Feldberg ankommen, sind Schorsch und »Killertomate« bereits da. Wir packen Campingausrüstung und einige Lebensmittel in die Bootssäcke und bereiten alles vor, um am nächsten Morgen starten zu können. Dann machen wir uns auf die Suche nach einer gemütlichen Gaststätte. Lang brauchen wir nicht zu suchen. Direkt am Ufer des Breiten Luzin entdecken wir die historische Gaststätte »Altes Zollhaus« mit herrlichem Seeblick und eigener Bootsanlegestelle an der Gartenterrasse, mit behaglich-rustikalem Ambiente und exquisiten Fisch- und Grillgerichten. Und gleich draußen vor den Fenstern des schmucken Fachwerkhauses liegt ein nachgebautes Wikinger-Drachenboot am Steg, mit dem Fahrten durch das Feldberger Seengebiet angeboten werden, darunter auch romantische Nachtfahrten bei Fackelschein. Größere Gruppen können das Boot auch mieten, um damit wie einst Erik der Rote die weiten Wasser und stillen Ufer zu erkunden. »Na, das wäre doch auch mal etwas!«, schwärmt Stef, während er mit vollen Backen sein Steak mit Pommes mampft. Aber dafür müßten wir noch ein paar Paddler zusätzlich haben, und außerdem warten auf uns die eigenen Boote.

## Im Kanu über klare Seen

Am nächsten Morgen werden die Kanus beladen und vom Steg des Campingplatzes in den Breiten Luzin geschoben. Unseren Hymer können wir gegen eine geringe Gebühr auf dem Platz stehenlassen. Leinen los und hinaus auf den See! Der Himmel ist klar, aber ein ungemütlich frischer Wind pfeift übers Wasser – ausgerechnet aus Südwest, also uns stramm ins Gesicht. Die kleinen Boote schaukeln munter in den Wellen, und Stef, der bisher nur Fahrten auf Fließgewässern mitgemacht hat, schimpft aus Leibeskräften auf See, Wind und Wellen. Zu allem Unglück ist unser neuer »Solo 14« Canadier zwar schlank und windschnittig, aber dafür auch deutlich kippeliger als das alte Boot – was Stefans Wohlbehagen nicht gerade steigert. Schon zu Hause auf der Donau sind wir damit zweimal fast Baden gegangen – aber nur fast! Er traut der hüpfenden Nußschale nicht und würde lieber im großen Drachenboot sitzen – oder noch lieber in einem Motorboot. Aber die wurden von den Feldberger Seen zum Glück verbannt, so daß Paddler ungestört die Stille der Natur genießen können.

Am »Alten Zollhaus« vorbei treiben wir die Boote zu dem Tunnel, der unter dem Fahrdamm hindurch den Breiten mit dem Schmalen Luzin verbindet. Aus der engen Röhre heraus bläst es wie aus einer Flugzeugdüse, und nur mit Mühe gelingt es uns, die Canadier hindurch zu manövrieren. Dahinter wird es etwas besser, aber vorsichtshalber halten wir uns dicht unter Land. Jetzt am Wochenende sind viele Paddler auf dem von Buchenwäldern gesäumten Schmalen Luzin unterwegs, aber alle fahren mit dem Wind – nur wir müssen dagegen an-

*»Schirmsegler« auf dem Schmalen Luzin*

*Faltboot unter Segel vor dem Wind*

*Wie ein Museumsdorf: das idyllische Carwitz*

paddeln. Zwei Faltbootfahrer kommen uns sogar mit einem kleinen, weißen Segel entgegen, unter dem sie ohne einen Paddelschlag zügig durch das klare Wasser pflügen. Mit unserem schnittig-schlanken »Solo 14« kommen wir auch gegen den Wind recht gut voran – und überholen sogar ein kleines Fischerboot mit Elektromotor – aber Andrea und Schorsch in ihrem dicken, windempfindlichen Schlauch-Canadier müssen kräftig schaufeln, um nicht wieder rückwärts den See hinauf getrieben zu werden.

*Schmuckes Reetdach*

Doch die Anstrengung ist rasch vergessen, als wir durch wogende Schilfwälder in die »Bäk« paddeln, einen kleinen Bachlauf bei Carwitz, der sich durch Erlenwald und Wasserpflanzen schlängelt. Der Ort selbst – mit grünem Dorfplatz und Gänsewiese – sieht aus wie ein schmuckes Museumsdorf. Hier kann man anlegen, um das Fallada-Haus zu besuchen, in dem der Dichter gelebt und gearbeitet hat, oder um vom Park aus den herrlichen Blick über den Schmalen Luzin zu genießen.

Bei einem alten Bootshaus mit Reetdach mündet der Schilfbach auf den Carwitzer See, den wir aber sofort wieder nach rechts verlassen, um im Röhricht den Durchgang zum Dreetz See zu finden. Inzwischen hat der Wind nachgelassen, die weite Wasserfläche dehnt sich fast spiegelglatt um uns herum und das Paddeln wird zum Genuß. Die tiefstehende Sonne glitzert auf dem stillen Wasser, urwüchsige Wälder säumen die Ufer, und über uns segeln Möwen und Enten vorüber. Weit draußen auf dem See sind als kleine Punkte noch zwei andere Paddelboote zu erkennen. Sonst umgibt uns nur Stille und Einsamkeit – fast wie damals in der Wildnis Kanadas.

Auf dem traumhaft gelegenen Campingplatz am Südufer des Dreetz Sees beenden wir unseren ersten Paddeltag frühzeitig, denn auf der weiteren Strecke gibt es vorerst keine Campingmöglichkeit. Direkt am Ufer stellen wir unsere Zelte auf, brutzeln auf dem kleinen Gaskocher eine deftige Mahlzeit und genießen die Abendstimmung über dem von Wäldern eingerahmten See.

## Im Dschungel urwüchsiger Sumpfwälder

Nach dem Frühstück und Zeltabbau ist zunächst ein kurzer Landtransport erforderlich, denn zum 9 m tiefer gelegenen Krüselinsee gibt es keinen oberirdischen Abfluß. Das Wasser sickert hier unterirdisch durch den Rand der Feldberger Mulde. Schorsch und Andrea mit ihrem schweren Schlauch-Canadier mieten vom Campingplatz einen Bootswagen;

*Traumhaft gelegen: der Campingplatz am Dreetz See*

*Hinter der Krüseliner Mühle windet sich ein schmaler Bach durch urige Sumpfwälder*

ich schnüre die Paddel über Sitzbank und Querholm, nehme das fantastisch leichte Solo-Boot auf die Schulter und spaziere voran. Bei strahlendem Sonnenschein und Windstille setzen wir unsere Kanus in den einsam gelegenen Krüselinsee, den wir mühelos überqueren. Im klaren Wasser sind große Fische und bizarre Wasserpflanzen zu erkennen, während unsere Boote mit kleinen Kräuselwellen durch die spiegelglatte Fläche schneiden.

Zu einer ersten Kaffeepause auf der Uferterrasse lädt wenig später schon die idyllisch gelegene Krüseliner Mühle am Südende des Sees. Dann geht es – nachdem das Mühlwehr umtragen ist –

*Fast wie Kanada: Stille und Einsamkeit auf dem Großen Mechowsee*

auf einem schmalen und recht seichten Bachlauf weiter. Urwüchsige Erlenwälder nehmen uns auf, gestürzte Baumriesen liegen quer über das Wasser und lassen stellenweise nur enge Durchfahrten frei. Sandbänke, kleine Inselchen und Seerosenteiche wechseln sich ab. Um jede Schleife eröffnen sich neue Perspektiven.

*Zwischen Schilfufern windet sich der Kanal durch weite Wälder*

Durch dichte Sumpfwälder treiben die kleinen Kanus den gewundenen Bachlauf hinab. Die bunte Schar der Wochenendpaddler ist verschwunden, und stundenlang begegnen wir keinem Menschen. So weit man sieht glitzert Wasser im Dickicht der Erlen, die wie Mangroven im Bruchland stehen. Schwertlilien, Schilf und Binsenbüschel säumen die Ufer. Zwischen moosüberzogenen Stämmen wuchern Farne und unter dem dichten Blätterdach schallt vielstimmiges Vogelgezwitscher. Eine dschungelhafte Wildnis aus Wald und Wasser umgibt uns, die an die Everglades erinnert oder an den Amazonasurwald. Unglaublich, daß wir uns hier in Deutschland befinden sollen!

Vollkommene Stille und Einsamkeit umgeben uns auch auf dem mit See- und Teichrosen bedeckten Kleinen und Großen Mechowsee. Dazwischen immer wieder verschlungene Sumpfkanäle mit Schilfufern, archaischem Pflanzengewucher und der Stille einer Urlandschaft. Bei der Försterei Aalkasten müssen wir unter einem niedrigen Steg durchschlüpfen, dann haben wir freie Fahrt bis zum Mühlenteich, der ganz von sumpfigen Wäldern aus Schwarzerlen und Birken umgeben ist. Wie ein funkelnder Diamant schießt ein Eisvogel übers stille Wasser, Libellen stehen in der Luft, und auf dem Grund sind Teichmuscheln und Flußkrebse zu sehen.

Zwei weitere kurze Umtragestellen erwarten uns bei der Forellenzuchtanlage Kolbatzer Mühle und bei der Schreibermühle. Danach geht es quer über den Küstriner See. Hoch über uns kreisen zwei mächtige Fischadler. Plötzlich stößt einer von ihnen steil herab ins Wasser, und in seinen Fängen zappelt ein silbrig glitzernder Fisch. Fasziniert beobachten wir das Schauspiel und legen dann gegenüber der Ortschaft Küstrinchen an. Den Hang hinauf und kreuz und quer stiefeln wir durch das abgelegene Dörflein, bis wir erfahren, daß die in der Karte eingezeichnete Gaststätte schon vor fast 20 Jahren geschlossen wurde – und eine andere gibt es nicht. Dafür erstehen beim Fischer wir ein halbes Dutzend geräucherte Forellen und einige Flaschen Bier fürs Abendbrot. Weiter geht's!

## Auf dem Küstrinchen zum Fegefeuer

Im geheimnisvollen Licht der Abenddämmerung treiben wir den 6 km langen Küstriner Bach hinab, der sich auf ganzer Länge durch ein Naturschutzgebiet mit herrlichen Erlen-, Eschen- und Eichenwäldern schlängelt. Hier ist die Natur noch so unberührt wie in der Wildnis Kanadas. Lautlos gleiten unsere Boote unter dem Blätterdach dahin wie durch einen grünen Tunnel, während wir staunend die wildromantische Wald- und Wasserlandschaft bewundern und dem Gesang der vielen unbekannten Vogelarten lauschen. Es ist wie ein Traum.

Auf einer kleinen Lichtung inmitten der Waldwildnis liegt der Biwakplatz Fegefeuer, benannt nach einer »Strafkolonie« des Klosters Himmelpfort, die sich hier einst befand. In der Dämmerung ziehen wir die Boote aufs Ufer, schlagen das Zelt auf, zünden ein kleines Feuer an

*Biwakplatz »Fegefeuer« auf einer Waldlichtung am Küstriner Bach*

*In Lychen ist die Flößertradition bis heute lebendig*

und lassen uns die Räucherforellen schmecken.

Am nächsten Vormittag erreichen wir Lychen am Oberpfuhlsee, wo wir bei der Anlegestelle der Lychener Flößer unsere Fahrt beenden. Hier hat das Wasser »Balken«. Denn aus der wasser- und waldreichen Umgebung des Ortes wurden bis in die 60er Jahre Kiefern- und Buchenstämme bis nach Berlin und Hamburg geflößt. 1995 haben die Lychener ihre alte Tradition neu belebt. Auf der »Pläätz«, einem 12,5 m langen und 3,5 m breiten Floß aus Baumstämmen, das bis zu 30 Personen trägt, können die Gäste sich von erfahrenen Flößern über den Oberpfuhlsee und den Zenssee staken lassen. Während man lautlos dahingleitet, kann man Wasservögel beobachten und sich über Flora, Fauna und das Flößerhandwerk informieren lassen.

Weitere Informationen bietet nahe der Anlegestelle das Flößermuseum im alten Stargarder Tor. Danach streben wir stracks wieder in die Gaststätte »Zum Stadttor« auf eine Tasse Kaffee und eine tüchtige Portion Wildschwein. Da die Freundin des netten Gastwirts sowieso nach Feldberg muß, ist auch der Rücktransfer zum Campingplatz schon gesichert. Sonst könnte er sich etwas schwierig gestalten, da die Strecke »über eine Landesgrenze führt«, wie der Wirt schmunzelnd betont.

Route
Abstecher
Park- und Rastplätze
Campingplatz
Museum
Sehenswürdigkeit
Schloß / Burg
Kloster
10 km
Müritz
Röbel
Ludorf
Boek
Rechlin
Pagelsee
Jäthensee
Neustrelitz
Zierker See
Roggentin
Userin
Zwenzow
Großer Labussee
Mirow
Wesenberg
Strelitz Alt
Möllenbeck
Carpin
Serrahn
Großer Fürstensee
Fürstensee
Wolkuhl
Comthurey
Godendorf
Lütten-hagen
Feldberg
Breiter Luzin
Großer See
Carwitzer See
Carwitz
Thomsdorf
Boitzenburg
Haussee
Haßleben
Gerswalde
Thüren
Sewekow
Mössen-see
Rätz-see
Schwarz
Schwarzer See
Fleeth
Wustrow
Priepert
Luhme
Canow
Fürstenberg
Stolpsee
Himmelpfort
Lychen
Zenssee
Flecken Zechlin
Zechlinerhütte
Großer Stechlinsee
Dorf Zechlin
Rheinsberger See
Rheinsberg
Menz
Densow
Templin
Bredereiche
Röddelinsee
Lübbe-see
Milmersdorf
Temmen
Dannen-walde
Wentow-see
Marien-thal
Burgwall
Vietmanns-dorf
Gollin
Friedrichswalde
Mildenberg
Gransee
Kurtschlag
Zehdenick
Joachimsthal
Schorfheide
Zermützelsee
Gudelacksee
Lindow
Alt Ruppin
Kleinmutz
P1
P2
P3
P4
P5
P6
P7
P8
P9
P10
1
2
3
4
5
6
7
8
9
10
24
96
109
193
198

## Strecke

Mirow - Schwarz - Fleeth - Canow - Zechlinerhütte - Rheinsberg - Flecken Zechlin - Luhme - Zechlinerhütte - Canow - Wustrow - Priepert - Fürstenberg - Himmelpfort - (Abstecher: Bredereiche - Marienthal - Burgwall - Zehdenick - Mildenberg) - Lychen - Feldberg - Carwitz

## Streckenlänge

Gesamtfahrstrecke ca. 180 km (durch viele kleine Sträßchen, Abstecher und Varianten sind größere Abweichungen möglich!)

## Straßenzustand

Mirow-Rheinsberg-Flecken Zechlin-Luhme: überwiegend sehr schmale, kurvige Landsträßchen durch sehr reizvolle Wald- und Seenlandschaft; Fleeth-Canow unbefestigter aber relativ breiter und gut zu fahrender Sandweg durch den Wald.
Vorsicht: ab Luhme wieder zurückfahren oder Straße Richtung Zechlinerhütte probieren; die Strecke Luhme-Grünplan führt z.T. über abenteuerliche Waldwege!
Canow-Wustrow-Priepert-Düsterförde: schmale aber passable Landsträßchen
Düsterförde-Fürstenberg: breite, gut ausgebaute Bundesstraße
Fürstenberg-Lychen: gut ausgebaute Landstraße
Abstecher Himmelpfort-Mildenberg: schmale aber gut fahrbare Landsträßchen
Lychen-Feldberg: teils schmale aber gute Landstraße
Feldberg-Carwitz: schmales Teersträßchen mit schönem Ausblick
Carwitz-Dreetz See-Thomsdorf: Sandweg durch den Wald mit Löchern und »Wellblech«-Abschnitten, aber relativ festem Untergrund

## Information

**Fremdenverkehrsverband »Mecklenburgische Seenplatte«,**
Turnplatz 1, 17207 Röbel,
Tel. (039931) 51381, Fax 51386;
Internet: http://www.Mecklenburgische-Seenplatte.de
**Fremdenverkehrsverein Seen- und Havellandschaft,**
Markt 13, 17235 Wesenberg,
Tel. (039832) 20212, Fax 21061
**Touristinformation Rheinsberger Seenkette,**
Markt/Kavalierhaus, 16831 Rheinsberg,
Tel. (033931) 2059
**Fremdenverkehrsverein Feldberger Seenlandschaft,**
Strelitzer Str. 15 a, 17258 Feldberg,
Tel. (039831) 20343, Fax 20859
**Naturpark Feldberger Seenlandschaft,**
17237 Serrahn, Tel./Fax (039821) 40202
**Tourismusverein Fürstenberger Seenland,**
Markt 1, 16798 Fürstenberg,
Tel. (033093) 39230, Fax 39233

## Museen

**Mildenberg:** *Technikmuseum »Ziegeleipark Mildenberg«*, Ziegeleiweg 10, Tel. 03307/310410, Fax 310411 (unbedingt sehenswertes Freilichtmuseum auf riesigem Gelände mit Austellungen, technischen Denkmälern, Schmalspurbahn und Freizeitaktivitäten; Mai–Sept. Mo–Fr 10–18 Uhr, Sa/So 10–19 Uhr, April+Okt. Sa/So 10–18 Uhr oder nach Vereinbarung
**Lychen:** *Flößerei-Museum*, am Stargarder Tor, Tel. (039888) 2255
**Feldberg:** *Heimatstube*, Am Amtsplatz, Tel. 20676 (Mai–Sept. Mo/Mi/Fr/Sa/So 10–12 und 14–16 Uhr, sonst Mo/Mi/Fr 10–11.30 Uhr)
**Carwitz:** *Hans-Fallada-Gedenkstätte*, Haus 43, Tel. 20359 (Mai–Aug. Di–So 10–12 und 14–16 Uhr, Führungen 11 und 15 Uhr, Sept.–April Di–So 14–16 Uhr)

## Restaurant-Tips

**Lychen:** *»Am Stadttor«*, Tel. 039888/782 (tägl. außer Mi 11.30–?? Uhr; sehr schöne Kneipe mit »Bierhof«, Guinnes, guten Wild- und Fischgerichten und Ferienwohnung; besonders empfehlenswert: Hirschsaftbraten)
**Feldberg:** *»Altes Zollhaus«*, Tel. (039831) 20259 (sehr schön ausgestattetes, historisches Restaurant mit Seeblick, guten Fisch-, Steak- und Grillgerichten und Terrasse direkt am Ufer mit Anlegestelle; Gästezimmer und Ferienwohnung; Fahrten mit nachgebautem Wikingerboot!)
**Burgwall:** *»Zur Fähre«*, Havelstraße 50, Tel. 033080/60244 (gemütliche Gaststätte mit einfacher aber guter Küche und schattiger Terrasse direkt an der Havel; eigene Anlegestelle, schöner Blick aufs Wasser, Gästezimmer; geöffnet Mo/Di ab 17 Uhr, Mi–So ab 9 Uhr)

## Erlebnis

**Auf der Schiene radeln: Draisinefahrten**
Eine für Deutschland einmalige Art der Erholung kann man seit 1996 auf der stillgelegten, 30 km langen Bahnstrecke zwischen Fürstenberg/Havel und Templin kennenlernen: mit der Fahrrad-Draisine durch herrliche Natur radeln. Dabei erleben Sie hautnah und vergleichsweise mühelos die idyllischen Seenlandschaften der Uckermark und der Oberhavel. Leichter als ein Fahrrad wird die Draisine mit Beinkraft über Pedale angetrieben. Da die Fahrspur vom Gleis gehalten wird, dient der Lenker lediglich als Stütze für die Hände und als Anhängemöglichkeit

für Rucksäcke und Taschen. Auf der Draisine sitzen zwei Aktive hinter- bzw. nebeneinander und sorgen gemeinsam für den Antrieb. Auf der Bank haben zusätzlich zwei Kinder oder ein Erwachsener Platz. Auch für Ihr Gepäck ist Ablagefläche vorhanden. Für Pausen oder wenn jemand »überholen« will, kann die Draisine von den Schienen gehoben werden. Ausgangspunkt ist die jeweilige Basisstation nahe den Bahnhöfen der Deutschen Bahn AG Fürstenberg/Havel (am Weidendamm, Richtung Ravensbrück) oder Templin Hauptbahnhof (Richtung Zehdenick). Dort erhalten Sie auch Informationen über die Strecke. Die Draisinen werden an Tagen mit ungeradem Datum nur in Fürstenberg/Havel ausgegeben, an Tagen mit geradem Datum nur in Templin. Reservierung dringend empfohlen!

**Information und Buchung:**
*TOURISTICA,*
Mannheimer Straße 33–34, 10713 Berlin,
Tel. (030) 8730221, Fax 8616132
Fremdenverkehrsverein Templin e.V.,
Obere Mühlenstraße 11, 17268 Templin,
Tel. (03987) 2631, Fax 53833
*Kosten pro Draisine und Strecke:*
Fürstenberg/Havel-Templin oder Templin-Fürstenberg/Havel
Montag bis Freitag 90,00 DM
Samstag/Sonntag/Feiertag 95,00 DM

# TEMPLINER SEEN + SCHORFHEIDE

## Boitzenburg - Templin - Schorfheide - Werbellinsee - Odertal

*Lebendige Wasserwelt um Carwitz und Wellblech-Piste um den Dreetz See. Durchs Land der Sölle zum Schloß Boitzenburg. Schorfheide: Wölfe im größten Naturreservat Deutschlands. Jagdhaus am Werbellinsee, Kloster Chorin und ein Fahrstuhl für Schiffe. Moor- und Auenwelt an der polnischen Grenze.*

Auf dem reizvoll am Wasser gelegenen Campingplatz von Feldberg verabschieden wir uns von den Freunden. Sie müssen zurück zur Arbeit – wir wollen weiter, um das Biosphärenreservat Schorfheide zu erkunden und den östlichen Teil des Seengebiets, das hier nicht mehr in Mecklenburg liegt, sondern weit nach Brandenburg hineinreicht.

## »Lebendiges Wasser« und Toteisseen

Auf einem kleinen Sträßchen mit herrlichem Blick über die Buchenwälder und den tief eingeschnittenen Schmalen Luzin folgen wir zunächst unserer Kanuroute nach Carwitz. In das malerisch zwischen drei Seen eingebettete Dorf hat sich nach der Machtergreifung der Nazis der Schriftsteller Rudolf Ditzen zurückgezogen, besser bekannt unter dem Pseudonym Hans Fallada. In seinem Buch »Bei uns zu Haus« schildert er den fantastischen Ausblick über die Seenlandschaft: »Von allen Fenstern aus sehen wir Wasser, lebendiges Wasser, das Schönste auf Erden. Es blitzt auf zwischen den Wipfeln uralter Linden; es verliert sich in der Ferne, begleitet von schmächtigen Ellern«. 1945 wurde der unstete Schriftsteller von den Sowjets als Bürgermeister von Feldberg eingesetzt. Morphiumsüchtig und stark alkoholgefährdet, war er der Aufgabe jedoch nicht gewachsen und mußte in die Nervenklinik eingeliefert werden. »Jeder stirbt für sich allein« war sein letztes Buch. 1947 tat er genau das in der Berliner Charité. Seine sterblichen Überreste wurden später nach Carwitz überführt und auf dem Dorffriedhof beigesetzt, von dem aus man einen so herrlichen Blick über das »lebendige Wasser« genießt.

*Fallada-Park in Carwitz am Schmalen Luzin*

Auf einem holperigen Sandweg mit Wellblech-Strecken kurven wir um den Dreetz See herum und überqueren irgendwo im Wald die Landesgrenze nach Brandenburg. Die Landsträßchen und Alleen sind hier genauso schön wie in Mecklenburg und führen ebenfalls durch blühende Wiesen und wogende Getreidefelder, deren Grannen silbern im Licht der Sonne schimmern, während hoch darüber im sommerblauen Himmel die Lärchen trällern. Kleine schilfgesäumte Teiche und Tümpel sprenkeln das sanft gewellte Land und leuchten wie klare Augen aus dem Grün. »Sogenannte ›Sölle‹ oder ›Toteisseen‹,« erkläre ich meinem Kopiloten. »Eine der vielen Spuren der Eiszeit. Als die Gletscher sich nach Norden zurückzogen, wurden riesige Eisblöcke, so groß wie ganze Wohnblocks, von Geröll begraben. Im kühlen Kiesbett vor der Sonne geschützt tauten sie nur langsam auf, und als sie schließlich doch geschmolzen waren, hinterließen sie runde Löcher in der Landschaft, die sich mit ihrem Schmelzwasser füllten.«

Darüber erreichen wir das reizvolle Städtchen Boitzenburg mit einem hübschen Ortskern, dessen Straßen schmucke Fachwerkhäuser säumen. Bekannt ist es aber vor allem für sein riesiges Schloß, das von einem weitläufigen Park umgeben ist.

Derzeit und noch auf Jahre hinaus wird am einstigen Sitz der Familie von Arnim gebaut, so daß der Besucher außer dem herrlichen Park und der prachtvollen Fassade nicht viel sehen kann. Dafür kann er in Richtung Prenzlau das schön restaurierte Fachwerk-Ensemble der Klostermühle besuchen, in dem heute ein Mühlenmuseum untergebracht ist – und eine sehr empfehlenswerte Klosterschänke. Und gleich dahinter leuchtet ziegelrot die malerische Ruine des ehemaligen Zisterzienserklosters aus dem Grün der Landschaft.

Freunden sakraler Baukunst sei von hier aus ein Abstecher nach Prenzlau empfohlen, wo die gewaltige Marienkirche alles überragt. Der wuchtige Bau, der als Prunkstück mittelalterlicher Kirchenbaukunst gilt, hat die Zerstörungen des Krieges überstanden und läßt die um ihn herum entstandenen Wohnblocks der DDR-Zeit als armseligen Hütten erscheinen.

*Ein großes Schloß im weiten Park: Schloß Boitzenburg*

## Von der »Perle der Uckermark« ins größte Naturreservat Deutschlands

Nach einer Mittagspause im schattigen Biergarten geht es weiter – südwärts durch Wiesen und Felder nach Templin. Die »Stadt der Seen, Wälder und der tausend Linden« liegt nicht nur inmitten herrlicher Natur, sondern hat auch selbst so viel zu bieten, daß man einen Besuch keinesfalls versäumen sollte – auch falls man sonst lieber in der Natur unterwegs ist und die Städte gerne meidet. Nicht umsonst wird Templin auch die »Perle der Uckermark« genannt. Wie in Neubrandenburg kann man hier die gesamte Altstadt entlang der gut erhaltenen mittelalterlichen Mauer umrunden. Stolze 1735 m ist sie lang, durchschnittlich 7 m hoch und ihre prächtigen Tore, Türme und Wiekhäuser hat sie bis heute bewahrt. Im Prenzlauer Tor ist ein kleines Volkskundemuseum untergebracht, im Mühlentor haben Schnitzer und Weber ihre Arbeits- und Ausstellungsräume eingerichtet, und das Berliner Tor birgt eine informative Ausstellung über das Biosphärenreservat Schorfheide, das sich östlich der Stadt erstreckt.

*Das Berliner Tor in Templin*

Dieses weitläufige und äußerst dünn besiedelte Wald- und Heidegebiet soll unser nächstes Ziel sein. Mit einer Fläche von 830 $km^2$ ist das 1990 in den letzten Tagen der DDR geschaffene Biosphärenreservat »Schorfheide-Chorin« das größte Reservat Deutschlands. Dieses wildreiche Gebiet mit seinen fantastischen Urwäldern diente schon seit 1500 als bevorzugtes Jagdrevier für »große Tiere« aus Herrscherhäusern und Adel. Mit bis zu 200 km lan-

*Hier beginnt das größte Schutzgebiet Deutschlands*

gen Wildgattern versuchten die Brandenburger Kurfürsten, ihre Hirsche und Sauen am Überwechseln in die Reviere der benachbarten Fürstentümer zu hindern. Bei Wanderungen durch die tiefen Wälder stößt man immer wieder auf historische Gedenksteine, die an herrschaftliche Jäger erinnern. Und gejagt haben sie alle in der Schorfheide: von den Kurfürsten über Kaiser Wilhelm und Hermann Göring bis zu Erich Honecker.

Von Görings ›Carinhall‹, die sich der Reichsforst- und -jägermeister 1936 am Döllensee errichten ließ, ist außer dem Eingangstor und der kilometerlangen doppelten Kastanienallee nichts mehr zu sehen. Die SS hat auf ihrem Rückzug die protzige Anlage gesprengt. Inzwischen hat sich die Natur wieder der Trümmer bemächtigt. Spuren von Grabungen auf dem weitläufigen Gelände zeigen jedoch, daß Schatzsucher hier in unterirdischen Anlagen verschollene Kunstschätze zu finden hoffen, die der Nazibonze damals in ganz Europa zusammengeraubt hatte.

Göring war es auch, der 1936 die Stiftung Schorfheide gründete um auf 60.000 Hektar eine »urdeutsche Wildbahn« mit Wisent, Elch, Uhu und Biber zu schaffen. Nur der Biber konnte erfolgreich wieder angesiedelt werden. Er ist bis heute nicht nur in den Gewässern Nordbrandenburgs heimisch, sondern dehnt sein Revier immer weiter nach Norden aus. Zu den seltenen Arten der Schorfheide zählen aber auch Fisch-, See- und Schreiadler, Schwarzstorch, Fischotter und Sumpfschildkröte – Tiere, die man sonst allenfalls in zoologischen Gärten zu Gesicht bekommt.

*Damhirsche in der Schorfheide*

## Kloster Chorin und ein Aufzug für Schiffe

Kreuz und quer kurven wir durch die schier endlosen Föhrenwälder: von Templin aus zunächst auf schmalen Bauernsträßchen und sandigen Waldwegen über Vietmansdorf, Kurtschlag und Groß Väter nach Gollin, dann in einem weiten Schlenker über Ahlimbswalde,

*Am Waldrand bei Vietmannsdorf*

HYMER
RV WN 841

*Schorfheide-Museum im Jagdhaus von Groß-Schönebeck*

Beste Gelegenheit, lebende Wölfe und die übrige faszinierende Tierwelt der Schorfheide gefahrlos aus nächster Nähe kennenzulernen, bietet der in herrliche Landschaft eingebettete Wildpark Schorfheide, nur wenige Kilometer nördlich von Groß Schönebeck. Zudem besitzt er einen großen Parkplatz, auf dem man mitten im Wald eine erholsame Pause einlegen kann.

Wenige Kilometer weiter östlich erreichen wir den malerischen Werbellinsee, einen typischen Rinnensee und ei-

Temmen und Milmersdorf wieder zurück zur B109 und auf dieser dann in einem langen, fast schnurgeraden Rutsch südwärts nach Groß Schönebeck mit seinem hübschen Stadtkern und dem sehenswerten Schorfheide-Museum im alten Forsthaus. Dort kann man den gewaltigen Kopf eines Wisents besichtigen und einen Wolf, der erst vor wenigen Jahren eben hier in der Schorfheide erlegt wurde. Falls Ihnen also auf Ihren Streifzügen durch die Heide ein großer Hund begegnen sollte, so versuchen Sie nicht, Ihn zu streicheln – es könnte ein Wolf sein! Denn immer wieder wechseln einzelne Exemplare von Polen her auf uralten Routen in die Uckermark.

*Zwischen Kornblumenfeldern, Föhren und Birken in der Schorfheide*

## Rinnenseen

*Rinnen wie die des Werbellinsees und des Langen Luzin bei Feldberg sind durch das unter dem Eis abfließende Schmelzwasser ausgewaschen worden und reichen oft durch die Endmoränen bis zu den Urstromtälern. Nach dem Abschmelzen der Gletscher blieben sie als teilweise 60–70 m tiefe Täler zurück. Vom Werbellinsee etwa strömte das Schmelzwasser durch das heutige Eichhorst (dort, wo jetzt der Werbellinkanal verläuft) zum Eberswälder Urstromtal. Als typischer Rinnensee ist der Werbellinsee sehr schmal, langgezogen und tief in die umliegende Ebene eingeschnitten. Seine Oberfläche liegt nur 43 m über dem Meeresspiegel, während sein bis zu 50 m tiefer Grund teilweise bis unter das Meeresniveau reicht. Die steilen Ufer und die Ebene dahinter sind von weiten Mischwäldern bedeckt. Am Westufer dehnt sich der Werbellin-Sander, eine riesige, von Wald bedeckte Sandfläche, über die man in gerader Linie über 20 km nach Westen wandern kann, ehe man die Grenze des Schutzgebiets und die erste Ortschaft erreicht.*

*Nördlich des Werbellinsees erhebt sich eine jüngere Endmoräne, die wie eine natürliche Staumauer den 21 m höher gelegenen Grimnitzsee eindämmt und für eine Besonderheit sorgt, die man in der eizeitlichen Landschaft Nordbrandenburgs und Mecklenburgs sicher nicht erwarten würde: einen veritablen Wasserfall!*

nen der wenigen unter den Hunderten und Tausenden von Seen der Region, deren Ufer man eine längere Strecke auf der Straße folgen kann. Entsprechend beliebt ist er als Naherholungsgebiet, und zahlreiche Parkplätze, Badeufer und Raststellen säumen sein bewaldetes Nordwestufer. Im Wald verborgen, ließ sich Preußens König Friedrich Wilhelm IV. hier 1847 das Jagdschloß Hubertusstock im Stil eines bayerischen Landhauses errichten. Es wurde 1971 bis auf die Grundmauern abgerissen und innerhalb eines Jahres in ähnlichem Stil neu aufgebaut – als Gästehaus für hohen Staatsbesuch. Bekannt geworden durch das Treffen von Honecker und Schmidt im Jahre 1981, dient es heute als Hotel und Restaurant.

Von Joachimsthal geht es ostwärts und dann die B2 nach Süden, bis wir am Rande der Schorfheide das berühmte Kloster Chorin erreichen, das sich kein Besucher entgehen lassen sollte. Die Ruine der Ende des 13. Jahrhunderts von den Zisterziensern gegründeten Klosteranlage zählt zu den wertvollsten Bauten in der norddeutschen

*Wegweiser wie in der alten Zeit*

Backsteingotik. Auf Betreiben des Baumeisters Schinkel begann man 1817 mit der Restaurierung der zerfallenden und zuletzt gar als Steinbruch benutzten Anlage. Der berühmte Gartenarchitekt Lenné gestaltete die Umgebung zur parkartigen Landschaft, in der Spazier- und Wanderwege zum Durchstreifen des sanften Hügellandes mit seinen prachtvollen Buchenhainen einladen. Danach kann man sich in der alten Klosterschänke stärken und erholen. Ein ganz besonderer Leckerbissen für Musikliebhaber sind die Konzerte des Choriner Musiksommers, der alljährlich in der wunderbaren Kulisse der Klosterruine stattfindet.

Von Chorin aus in Richtung Eberswalde ist es nicht weit bis zum Finowtal, das mit einer weiteren einzigartigen Attraktion aufwartet: dem Schiffshebewerk von Nieder-Finow. Der gewaltige unter Denkmalschutz stehende Stahlkoloß ist das größte Hebewerk der Welt und versieht seit 1934 bis heute tagtäglich seinen Dienst. In dem Aufzug überwinden die Flußschiffe einen Höhenunterschied von 36 m. Und wer das Liftfahren per Schiff am eigenen Leibe miterleben will, der kann einen der von den benachbarten Orten aus verkehrenden Ausflugsdampfer besteigen.

Kloster Chorin

Fasziniert beobachten wir die Schleusung vom 40 m hohen Umgang. Dank ausgeklügelter Gegengewichte sind für das Heben des 4200 Tonnen schweren Troges nur vier kleine Elektromotoren mit je 75 PS erforderlich. Eine weltweit gerühmte technische Meisterleistung.

»Preisfrage, Stefan,« stelle ich meinen Junior auf die Probe. »Ist die Riesenbadewanne schwerer, wenn ein dicker Frachter hineinfährt oder wenn nur ein kleines Faltboot drin ist!«. Er schaut mich an, als ob ich ein bißchen blöde wäre.

*Gigant aus Stahl: das Schiffshebewerk von Niederfinow*

»Dumme Frage! Natürlich mit dem Frachter drin«. Glatt reingefallen! Die Wanne ist immer gleich schwer, denn jedes Boot oder Schiff verdrängt ja exakt sein Eigengewicht an Wasser aus dem Becken! Die Last wird also kein Gramm schwerer oder leichter. Sonst würde der Trick mit den Gegengewichten ja auch nicht so famos funktionieren! Raffiniert, was?! Sein Eis mit Blick auf die monumentale Anlage bekommt der Kopilot trotzdem.

## Wasser-, Moor- und Auenwelt

Dann brechen in Richtung polnische Grenze auf, wo wir den östlichsten Punkt unserer Fahrt erreichen, und wo an der Oder entlang Deutschlands jüngster Nationalpark entsteht. Auf über 60 km Länge erstreckt sich zwischen Stettin und Hohensaaten eine phantastische Wasser-, Moor- und Auenwelt, die unzähligen Vogelarten als Rückzugsgebiet oder Rastplatz dient. In den Poldern be-

*Adebar hebt ab*

*Schwarzer Milan*

obachten wir Kraniche, Reiher und Weißstörche bei der Nahrungssuche. Auch hier ziehen noch drei verschiedene Arten von Adlern ihre schwerelosen Kreise. Und im Herbst wandert die letzte kleine Lachspopulation der Ostsee her die Oder aufwärts, um in den klaren Bächen im polnischen Teil des Nationalparks zu laichen.

Gemächlich spazieren wir mit Ferngläsern bewaffnet einen Damm entlang. Die wenigen abgeschiedenen Dörfchen verschwinden fast zwischen den vielen malerischen Speichern, in denen Tabakblätter trocknen. Goldgelb leuchten die aufgefädelten Blätter aus den geöffneten Luken. Ein malerischer Anblick. Die Kunst des Tabakanbaus haben die von Friedrich dem Großen hier angesiedelten Hugenotten mitgebracht.

Spuren der Geschichte sind aber auch die düster aus den Fluten der Oder ragenden Pfeiler gesprengter Brücken, auf die wir immer wieder stoßen. Entlang des Flusses tobten die schrecklichsten Schlachten am Ende des Zweiten Weltkrieges. Beim Kampf um den Oder-Übergang wurden hier Städte wie Schwedt oder Prenzlau fast vollständig zerstört. Wiederaufgebaut im realsozialistischen Stil der Großplattenarchitektur sind sie höchstens als Zeitdokumente für den Städtebau der untergegangenen DDR interessant.

Das Inferno des Krieges überdauert hat dagegen die Altstadt von Angermünde. Das Städtchen, reizvoll zwischen drei großen Seen gelegen, lädt ein zu einem Bummel durch die von schiefen Fachwerkhäuschen gesäumten Straßen und Gassen. Besonders sehenswert sind die Kirche des ehemaligen Franziskanerklosters und die Reste der Stadtmauer mit dem Pulverturm. Für uns ist Angermünde endgültig die letzte Station unserer Reise. Nachdem wir schon den Beginn der Pfingstferien etwas vorverlegt haben, können wir nun nicht auch noch überziehen.

Mein Kopilot hat sich gewünscht, einmal noch in der Dunkelheit zu starten, um den heraufdämmernden Morgen zu erleben, und so sind wir schon in aller Herrgottsfrühe unterwegs zur nahen Autobahn A 11, die uns wieder nach Süden bringen soll. Entschädigt für das Aufstehen zu einer solch unchristlichen Zeit werden wir durch einen traumhaften Sonnenaufgang, der den ganzen Horizont in ein flammendes Inferno verwandelt. Und dann entdecken wir sogar ein großes Rudel Damhirsche, das direkt am Straßenrand grast – wie vor Jahrhunderten.

Unsere »große Seentour« war nicht nur eine Fahrt durch einzigartige Was-

*Das Rathaus von Angermünde*

serwelten und Naturparadiese, sondern auch eine Reise zurück in der Zeit – durch Landschaften und Dörfer, in denen ich mich oft genug an meine Kinderzeit erinnert fühlte. Wer hätte geglaubt, daß es so etwas in Deutschland am Ende des 20. Jahrhunderts noch gibt?! Aber wie hat doch Bismarck gesagt: »Wenn die Welt heute untergeht, so werde ich nach Mecklenburg ziehen, denn dort geschieht alles erst hundert Jahre später.«

Auch Stef hat die Reise gefallen. Fast immer war er strahlender Laune und er hat sich als hervorragender Kopilot bewährt.

Als wir durch den »Time Tunnel« der Autobahn wieder in Richtung Gegenwart rollen, stößt er mich plötzlich an und sagt: »Du Papa, wenn Du mal wieder zu den Seen fährst, nimmst mich dann auch wieder mit?«

»Versprochen.«

Route
Abstecher
Park- und Rastplätze
Campingplatz
Museum
Sehenswürdigkeit
Schloß / Burg
Kloster
10 km
Jatznick
Strasburg
Pasewalk
Woldegk
Dammsee
Großer See
Fürstenwerder
Breiter Luzin
Brüssow
Ludwigsburg
Ucker
Prenzlau
Feldberg
Carwitzer See
Thomsdorf
Boitzenburg
Unteruckersee
Penkun
Haussee
Haßleben
Uckermark
Gramzow
Oberuckersee
Zenssee
Gerswalde
Passow
Templin
P1
Milmersdorf
Temmen
Greiffenberg
Schwedt
Röddelinsee
Lübbesee
Vietmannsdorf
Gollin
P2
Friedrichswalde
Angermünde
Oder
Wolletzsee
Kurtschlag
Grimnitzsee
Joachimsthal
Schorfheide
P7
P3
P6
Werbellinsee
P4
POLEN
Parsteiner See
Groß Schönebeck
P5
Chorin
Havel
Liebenwalde
P8
Oderberg
P9
Zerpenschleuse
Finowfurt
Niederfinow
Eberswalde
Klosterfelde
Falkenberg
Zehlendorf
Biesenthal
Melchow
Bad Freienwalde
Barnim
Wandlitz
Rüdnitz
Wriezen
Neulewin
Basdorf
Steinbeck
Schönwalde
Bernau
104
198
109
113
11
166
2
196
167
158
273
10

## Strecke

Carwitz - Thomsdorf - Boitzenburg - Templin - Kurtschlag - Groß Väter - Gollin - Friedrichswalde - Temmen - Milmersdorf - Groß Schönebeck - Joachimsthal (Werbellinsee) - Chorin - Niederfinow - Oderberg - Angermünde - (evtl. Abstecher nach Schwedt oder Bad Freienwalde)

## Streckenlänge

Gesamtfahrstrecke ca. 225 km
Abstecher: nach Bad Freienwalde (16 km von Eberswalde); nach Schwedt (21 km von Angermünde).

## Straßenzustand

Carwitz-Dreetz See-Thomsdorf: Sandweg durch den Wald mit Löchern und Wellblech, aber relativ festem Untergrund
Thomsdorf-Boitzenburg-Templin: reizvolle kleine Landsträßchen
Templin-Gollin: schmale aber gute Teersträßchen durch endlosen Kiefernwald (im Bereich Groß Väter und abseits der beschriebenen Route teils Sandwege!)
Gollin-Friedrichswalde-Milmersdorf: gute Landstraßen
Milmersdorf-Groß Schönebeck: breit ausgebaute Bundesstraße
Zum Werbellinsee: gut ausgebaute Bundesstraßen 109, 167 und 198
Chorin-Eberswalde: gut ausgebaute Bundesstraßen 198 und 2
Abzweigung nach Niederfinow vor Eberswalde hinter Bahnschranke links auf die Landstraße
Niederfinow-Oderberg-Angermünde: reizvolle, anfangs recht schmale Landstraße mit Kurven und einigen ungewohnten Steigungen

## Information

**Regionaler Fremdenverkehrsverband Ostbrandenburg e.V.,**
15234 Frankfurt/O., Herbert-Jensch-Str. 42, Tel. (0335) 6801658, Fax 6801659
**Fremdenverkehrsverein Feldberger Seenlandschaft,**
Strelitzer Str. 15 a, 17258 Feldberg, Tel. (039831) 20343, Fax 20859
**Naturpark Feldberger Seenlandschaft,**
17237 Serrahn, Tel./Fax (039821) 40202
**Fremdenverkehrsverband Uckermark,**
Schinkelstr. 32, 17268 Templin, Tel. (03987) 52115, Fax 2549
**Naturpark Uckermärkische Seen,**
Am Lindenberg 15, 17268 Knehden, Tel. (03987) 6251, Fax 74701
**Templin:** Fremdenverkehrsverein Templin, Obere Mühlenstr. 11, 17268 Templin: Tel. (03987) 2361, Fax 53833
**Biosphärenreservat Schorfheide-Chorin,** Haus am Stadtsee 1–4, 16225 Eberswalde, Tel. (033 34) 582288, Fax 582244

## Campingplätze

**1 Dreetz See:** *Camping »Am Dreetzsee«*, 17268 Thomsdorf, Tel. (039889) 746, Fax 4745 (großer, sehr schön und ruhig mitten in der Natur gelegener Platz mit Wiesenfläche zwischen Wald und Seeufer; Ver- und Entsorgung, Tauchbasis, Kutschfahrten und Reitkurse, Gaststätte; Zufahrt von Carwitz oder Thomsdorf über holperigen Sandweg; April–Okt.)
**2 Templin:** *Campingplatz am Fährsee*, Reservierung über Hotel Fährkrug, Tel. (03987) 3347 (ganzjährig geöffnet)
**3 Joachimsthal:** *Camping am Spring*, 16244 Joachimsthal bei Eichhorst, Tel. (033363) 4232 (schöne Lage am Werbellinsee, moderne Sanitäranlagen, Fahrrad- und Bootsverleih)
**4 Parstein:** *Campingplatz Parsteiner See*, 16248 Parstein, Tel (033365) 362

## Park-, Rast- und Stellplätze

**1 Templin:** schöner, schattiger und relativ ruhiger Parkplatz am Strandbad
**2 Bebersee:** reizvoll und ruhig gelegener Parkplatz am Waldrand mit schönen Rad- und Wanderwegen; Zufahrt jedoch über schmale Waldsträßchen
**3 Gotthardsberg:** westlich der B109 wenige km vor Groß Schönebeck auf 84 m hohem »Berg« etwas abseits der Straße

*Schmucke Fachwerkhäuser in Boitzenburg*

hübsch im Wald gelegener Rastplatz mit überdachtem Picknicktisch und Bänken; leider stark vermüllt!

**4 Wildpark Schorfheide:** östlich der B109 kurz vor Groß Schönebeck, großer, ebener und ruhiger Besucherparkplatz im Wald

**5 Eichhorst:** rechts zum See in Richtung »Reederei Wiedenhöft« schöner, ruhiger Parkplatz am See; außerdem großer Waldparkplatz bei Schloß Hubertusstock mit Badeufer

**6 Werbellinsee:** am NW-Ufer großer schöner Waldparkplatz mit Badestrand, Spiel- und Liegewiese; gebührenpflichtig: Wohnmobile bis 5 Std. DM 5, 24 Std DM 15

**7 Werbellinsee:** am Nordende kurz hinter einigen Häusern rechts sehr schöner, ebener und ruhiger kleiner Parkplatz (kostenlos) unter hohen Bäumen nahe Liegewiese und Badestrand

**8 Kloster Chorin:** riesiger neuer Parkplatz in ruhiger aber schattenloser Lage wenig südlich des Klosters; Gebühr DM 5 für 24 Stunden

**9 Niederfinow:** großer Parkplatz mit Blick auf das Schiffshebewerk und relativ ruhigen, schattigen Winkeln; Imbiß und Kiosk, Gebühr DM 5 für 24 Stunden

## Sehenswert

**Boitzenburg:** Schloßpark, Klosterruine

**Templin:**sehr gut erhaltene mittelalterliche Stadtbefestigung mit Mauer, Türmen, Wiekhäusern und Stadttoren

**Groß Schönebeck:** Wildpark im Wald nördlich der Stadt

**Chorin:** einzigartige Klosterruine aus dem 13. Jh.

**Niederfinow:** monumentales Schiffshebewerk

## Museen

**Boitzenburg:** Technisches Museum Klostermühle

**Templin:** Ausstellung über das Biosphärenreservat Schorfheide im Berliner Tor; Volkskundemuseum im Prenzlauer Tor

**Groß Schönebeck:** Schorfheide-Museum im ehemaligen Forsthaus hinter der Kirche

# ANHANG

## Frei stehen oder auf Campingplätze?

Im gesamten Seengebiet gibt es zahlreiche Campingplätze, so daß jeder, der nicht frei stehen oder längere Zeit an einem Ort bleiben will, problemlos einen Platz findet. Manche Campingplätze sind nur von Frühjahr bis Herbst in Betrieb, aber viele haben auch ganzjährig geöffnet. Die meisten Plätze sind in den letzten Jahren modernisiert und mit neuen Sanitäranlagen, Ver- und Entsorgungsmöglichkeiten und Stromanschlüssen ausgestattet worden, aber es gibt auch noch recht einfache und naturverbundene Plätze. Fast alle liegen sehr schön inmitten ursprünglicher Natur, überwiegend an Seeufern mit eigenem Badestrand, und die Mehrzahl ist nicht parzelliert, sondern bietet freie Stellplatzwahl. Praktisch alle Plätze sind für Wohnmobile geeignet, allerdings sind manche nur über sandige, teils ausgewaschene Waldwege zu erreichen, auf denen Fahrzeuge mit schlechter Traktion durchaus steckenbleiben können.

Gelegenheit einen Campingplatz anzusteuern wird man fast jeden Abend problemlos finden. Wer hingegen lieber frei steht, findet auch dazu fast überall schöne Möglichkeiten - bei Ortschaften und größeren Sehenswürdigkeiten, an Badestränden und in freier Natur. Manche liegen direkt an der beschriebenen Route und sind nicht zu übersehen, andere sind etwas versteckt und nur durch einen Zufall zu entdecken. Bekanntlich machen sich geeignete Stellplätze genau dann am rarsten, wenn man sie am dringendsten braucht. Daher ist im Infoteil zu jedem Kapitel eine ganze Reihe verschiedener Stellplätze aufgelistet und kurz beschrieben. Einige davon sind eher als Rast- und Picknickplätze geeignet, die meisten eignen sich aber auch für eine Übernachtung. Ausgesprochene Wohnmobil-Stellplätze mit Stromanschluß und Entsorgungsstationen sind im Binnenland (anders als an der Küste) noch recht selten zu finden.

Die beschriebene Region in Mecklenburg und Brandenburg ist - im Gegensatz zu vielen anderen Urlaubsgebieten Deutschlands - ausgesprochen Wohnmobil-freundlich. Hier hat man erkannt, daß Wohnmobil-Reisende auch Feriengäste sind, und einige Gemeinden haben bereits verschiedene Arten von Übernachtungsplätzen eingerichtet - teilweise sogar mit Ver-/Entsorgungsanlagen. Bei vielen touristischen Attraktionen wurden inzwischen gebührenpflichtige Parkplätze geschaffen - meist in ruhiger und sehr schöner Lage -, auf denen man ausdrücklich für 24 Stunden stehen darf. Die Gebühr ist meist sehr günstig und liegt in der Regel bei DM 3.- oder 5.-, und wenn man am nächsten Tag wieder bezahlt, kann man weitere 24 Stunden stehen. Aber auch auf kostenlosen Parkplätzen (z.B. auch im Müritz Nationalpark) haben wir nie Schilder gesehen, die das Nachtparken oder das Abstellen von Wohnmobilen untersagten, und auch die verhaßten Barrieren in zwei Meter Höhe scheint es hier zum Glück nicht zu geben. Wo im-

gekennzeichneten Parkplatzes abzustellen, wo dies nicht ausdrücklich durch andere Rechtsnormen der StVO untersagt ist - beispielsweise am Straßenrand. ... Sollte es ... keinen Parkraum für den Wohnmobilfahrer geben, der aufgrund von Übermüdung nicht mehr ohne Gefährdung anderer bzw. Gefährdung seines eigenen Lebens weiterfahren kann, müßte er sein Fahrzeug, dann unzulässig, auf einem Parkplatz abstellen. Bei einem gegen ihn eingeleiteten Ordnungswidrigkeitsverfahren dürfte er sich dann wohl mit guten Gründen auf einen rechtfertigenden Notstand berufen können, so daß das gegen ihn eröffnete Ordnungswidrigkeitsverfahren eingestellt werden dürfte«.

• *Frage 10: An wen kann ein Wohnmobilfahrer sich wenden, falls die Parkmöglichkeiten auf unzulässige Weise eingeschränkt werden?*

»Gegen »unzulässige« verkehrsrechtliche Anordnungen steht der Rechtsweg offen. Im Vorfeld sollte jedoch versucht werden, mit der zuständigen Straßenverkehrsbehörde, bzw. deren vorgesetzter Dienststelle, eine Klärung des Falles herbeizuführen.« Notieren Sie die Gegebenheiten und dokumentieren Sie sie nach Möglichkeit zusätzlich durch Fotos und wenden Sie sich an das Staatsministerium des Inneren des jeweiligen Bundeslandes.

## Überregionale Informationsstellen

*Tourismusverband Mecklenburg-Vorpommern,*
Platz der Freundschaft 1, 18059 Rostock,
Tel. (0381) 4030500, Fax 4030555,
e-mail: info@tmv.de,
Internet; http://www.tmv.de

*Landesfremdenverkehrsverband Brandenburg e.V.,*
Am Schlaatzweg 1, 14473 Potsdam,
Tel. (0331) 27528-28, Fax: 27528-10

*Regionaler Fremdenverkehrsverband Brandenburg-Nord e.V.,*
Postfach 146, 16901 Wittstock,
Tel. (03394) 443611, Fax 443683

*Verband der Camping- und Freizeitbetriebe in Mecklenburg-Vorpommern e.V.,*
Platz der Freundschaft 1, 18059 Rostock,
Tel./Fax (0381) 448402

*Verband der Campingplatzunternehmer im Land Brandenburg,*
Angermünder Straße 20,
16247 Joachimsthal,
Tel. (033361) 63912, Fax 63915

*Reisemobil Union e.V.*, Geschäftsstelle,
Einsteinstraße 19, 26160 Bad Zwischenahn

**Bootsvermieter** (Auswahl):
*Treibholz:* 17279 Lychen, Schlüßhof 2,
Tel. (039888) 43377, Fax 43378
(Kanu- und Ausrüstungsverleih, auch Wasserfahrräder!, Transfers und geführte Touren)

*Nordlicht:* 16798 Fürstenberg,
Brandenburger Str. 33, Tel. (033093) 37186
(Kanu-, Fahrrad-, Ausrüstungsverleih; Bootstransfer, Gruppenfahrten)

*Nordlicht:* 17258 Feldberg,
Campingplatz am Scholverberg,
Tel. (039831) 21084
(wie oben plus Trinkwasser, Müllentsorgung, Dusche und WC)

*Nordländer HB:* 16798 Fürstenberg,
Campingplatz »Am Röblinsee«,
Tel. (033093) 38278
(Kanu-, Fahrrad-, Ausrüstungsverleih; Bootstransfer; Trinkwasser, Müllentsorgung, Dusche/WC, Chemietoiletten-Entsorgung, Kiosk, Holzhütten)

**Karten:**
*Straßenkarte Mecklenburg-Vorpommern,* 1:200.000,
Tourist Verlag Kümmerly+Frey, DM 10,80.
Gute Gesamtübersicht mit vollständigem Ortsregister.

*Freizeitkarte Mecklenburgische Seen,*
1:75.000, Tourist Verlag Kümmerly+Frey,
DM 9,80. Detaillierte Karte mit Rad- und Wanderwegen, Sehenswürdigkeiten; auf der Rückseite Stadtpläne und ausgewählte Erläuterungen.

*Wasserwanderkarten »Feldberg-Lychener Seenlandschaft«, »Strelitzer Seenplatte« und »Plauer See – Müritz« sowie »Rad- und Wanderkarte Müritz-Nationalpark«,* 1:50.000,
Studio Verlag Norderstedt, je DM 9,80.
Diese Karten decken zwar nicht die gesamte Region ab, aber einige der interessantesten Gebiete. Sie sind vor allem für Wassersportler und Wanderer sehr informativ und z.Z. die wohl besten Karten, die es gibt, allerdings nicht überall auf dem aktuellsten Stand.

**Bücher:**
*»Urlaubshandbuch Mecklenburg-Vorpommern Binnenland«,*
Peter und Rainer Höh,
Reise Know-How Verlag Peter Rump,
aktualisierte Auflage 1999, 312 Seiten,
DM 19,80.
Sehr aktueller, ausführlicher und detaillierte Reiseführer mit zahlreichen Tips und Infos zu Sehenswürdigkeiten, Restaurants, Aktivitäten, Campingplätzen etc.

*»Wasserwandern Mecklenburg/Brandenburg»,* H. Herm + R. Höh,
Reise Know-How Verlag Rump,
3. Aufl. '99, DM 24,80.
Wasserwanderführer mit Routenkarten, der ausführlich und anschaulich die 20 schönsten Touren für Paddler und Freizeitkapitäne beschreibt.

*»Deutsche Ostseeküste«,*
Peter Höh + Kristine Jaath,
Reihe »Wohnmobil kompakt«,
Motorbuch Verlag Stuttgart,
DM 29,80.
All jenen besonders zu empfehlen, die ihre Tour durch das Seengebiet durch Abstecher zur nahen Ostseeküste erweitern wollen. Das Buch enthält neben anschaulichen Reportagen und farbigen Karten detaillierte Tourbeschreibungen und Infos zu den Regionen »Mecklenburger Ostseebäder«, »Fischland/Darß/Zingst«, »Insel Rügen« und »Insel Usedom«.

*»Stellplatz-Atlas Deutschland«*
*Nordband*, Hallwag Verlag,
Neuauflage '99.
Beschreibt 669 Reisemobil-Stellplätze in der Nordhälfte Deutschlands mit Anfahrt, Ausstattung, Lage, Wertung und Attraktionen der Umgebung; leider gibt es im Seengebiet bislang nur eine Handvoll solcher Plätze.